**JLA
図書館実践シリーズ** 31

学校図書館の教育力を活かす

学校を変える可能性

塩見昇 著

日本図書館協会

Possible Power of School Libraries for Education

(JLA Monograph Series for Library Practitioners ; 31)

学校図書館の教育力を活かす : 学校を変える可能性 ／ 塩見昇著.
－ 東京 : 日本図書館協会, 2016. － 178p ; 19cm. － (JLA
図書館実践シリーズ ; 31). － ISBN978-4-8204-1613-5

t1. ガッコウ　トショカン　ノ　キョウイクリョク　a1. シオミ, ノボル
s1. 学校図書館　①017

はじめに

　ぼくが学校の中で一番好きだったのは図書室です。
　入学してすぐに先生につれられて校内を見てまわったとき，本がびっしり並んでいる図書室を見てびっくりしました。前にお母さんに連れていってもらった図書館みたいや，と思いました。学校に図書館がある！，ここにある本をみんな僕が読めるんや，読んでもいいんだ，と感激したことを思い出します。
　ぼくは，図書館は宝島みたいや，と思います。面白い本がいっぱいあるし，何があるか分からへんところも魅力的です。
　図書室で本棚をぼうっと見ているのがすきだったし，図書室にいると元気になるみたいです。
　図書の先生が僕の名前を覚えてくれて，先生と仲良くなったことで，図書室に行くことが増えたし，図書室がもっと楽しくなりました。———

これは大学の図書館学の授業で，いつも初めの方の時間に受講生に書くことを求めてきた「私と図書館」という作文に寄せた一人の学生の声である。
この学生がここに書いていることが，なぜそうなのか，この学生をしてこのように学校図書館を感じせしめた要因はどこにあるのか。それを少し理屈っぽく分析してみること，こうした感想を多くの子どもたちに共有してほしいし，それをずっと長

くもち続けてほしい，また，たくさんの先生たちや親がそれを知り，共感してほしい，というのがこの時期に本書を執筆しようと考えた意図である。

学校図書館と現にかかわりをもつ人たち（学校図書館の仕事をしている人や学校図書館の整備・充実を願って地域で活動している市民など）と，その他の人たち（一般の教師，学校の管理者，教育委員会や行政担当者，マスコミなど），それに学校図書館と近い位置にあるはずの公共図書館や大学図書館などのスタッフも加えて，それぞれが思い描く学校図書館観には，大きなギャップがあることは否めない。

「学校教育にとって欠くことのできない基礎的な設備」という法の規定が，広く教育社会において共有されているとはとても言えない現実が，いまもなお根強い。それを埋める試みに関係者はずいぶん腐心してきているが，成果のほどはなおおぼつかない。本書はこの厳しい現実への一つのチャレンジである。

学校教育の在り方は，いつの時代にも常に「改革」の対象とされる。日本の教育は優れた成果を上げており，それを世界に発信しよう，という動きもあるそうだ。国際的にはそういう評価もあるのだろう。しかし，国による施策としての教育行政はしっかりした見通しと一貫性を欠き，それが結果的に教育に対する不満や批判を増幅しているという見方も否めない。そういう中で，学校図書館にかかわる実践や運動も，とまどいと一喜一憂を続けてきた。学校図書館が学校（教育）の在り方に左右されることは避けがたいが，それだけではなく，図書館のはたらきを通して学校教育のありように変化を生み出すという関係を具体化していく筋道を確かなものとしていくことが重要だ，というのが私の長年の思いであり，本書の基点にある。学校図

書館は「学校教育において欠くことのできない基礎的な設備」だという法の認識を実体化し、先に引いた学生のような学校図書館像の幅広い共有、定着を図ることが、学校教育を豊かなものにすることにつながる、という関係を、本書を通して訴えたいと思う。

　それはまた、学校図書館の整備・振興にかかわる目下の最重要課題である、学校図書館職員制度化の内実を確かなものとするために欠かせない学校図書館職員のはたらきを、よく見えるものとする作業でもある。

　本書は「学校図書館の教育力」とはどういうものか、それを活かした学校教育のありようを直接の主題とするが、そういう課題を自覚するに至った学校図書館の教育実践の進展について、学校司書を主とする活動、さらには市民の学校図書館への期待を基にした活動の略史として素描することをも含むことになる。1971年に大阪教育大学の教員に転じ、学校図書館について講義をすることを契機に、学校図書館とは何か、なぜ学校に図書館が必要なのか、を考究するようになった（せざるを得なくなった）筆者自身の半世紀にわたる関与を振り返り、この時期におけるまとめとして執筆しておきたい、という思いも強い。

　おそらく学校図書館に関するまとまった執筆はもうこれが最後になるだろうと思う。ご批判をいただけると有難い。

　本書に収めた学校図書館の現場の写真（写真で見る学校図書館の教育力）は、本書の趣旨に賛同して大阪府箕面市の学校司書の人たち（東谷めぐみさんほか）に提供していただいた。本書でも紹介した「学校図書館を考える会・近畿」の元運営委員のメンバーである。記して感謝の意を表する。

付　読みやすさを考慮して，注記，引用の出典はできるだけ本文中に書き込み，最小限にとどめた。巻末の参考文献に掲げた文献については，本文中の詳細記入は略している。

2016 年 9 月

塩見　昇

目 次

はじめに　iii

●1章● 学校に図書館を設置すること……………………1

1.1　図書館の設置　1
1.2　学校図書館はなぜ必置の施設なのか　3
1.3　「欠くことのできない基礎的な設備」　7

●2章● 高まる学校図書館への期待……………………10

2.1　転機となった1993年　10
2.2　学校図書館蘇生の胎動―人のいる学校図書館へ　13
2.3　学校図書館につながる関心と期待　24
2.4　学校司書の法制化　46
2.5　「人」に係る施策はなお混迷　51

●3章● 図書館のはたらきを備える学校……………………57

3.1　学校――その制度と制約　57
3.2　学校の中の図書館　59
3.3　図書館活動と図書館教育　63
3.4　学校に図書館のはたらきがあることで　67

●4章● 学校図書館の教育力……………………69

4.1　教育力　69
4.2　図書館＝もう一つの学校　70
4.3　学校図書館の教育力　73

目次

●5章● 教育力の7項目を個別にみる …………………… 81
- 5.1 多様な学習資源の選択可能性　81
- 5.2 体系的，組織的なコレクションの存在　87
- 5.3 サービスとしての相談・援助の仕組み　92
- 5.4 図書館ネットワーク　組織性の具備　102
- 5.5 資料・情報の再構成と発信，交流　109
- 5.6 知的自由，プライバシーの尊重　116
- 5.7 生涯学習者の育成　122

●6章● 教育力を活かせる要件 ……………………………… 126
- 6.1 教師の真摯な教育実践の存在　126
- 6.2 教師の豊かな図書館利用体験　129
- 6.3 子どもたちの図書館リテラシー　132
- 6.4 地域によい図書館の存在と連携　133
- 6.5 図書館運営体制の整備——成果の公表，点検・評価と運営計画への還流　134

●7章● これからの学校づくりと学校図書館 ………… 136
—教育力を活かした学校図書館づくり　課題と展望
- 7.1 学校現場の創意工夫こそが基点　136
- 7.2 多様な教育力を活かす学校運営　137
- 7.3 学校まるごと図書館構想　139
- 7.4 自治体の図書館行政と学校図書館　143
- 7.5 国の行財政上の課題　144
- 7.6 学校図書館専門職員制度の将来展開　146

参考文献　156

資料編 ……158

学校図書館法　158
学校図書館法附則第2項の学校の規模を定める政令　161
ユネスコ学校図書館宣言（1994年）　162
実践から「学校図書館の教育力」を考える＜アンケート集計＞
　166

索引　174

1章 学校に図書館を設置すること

1.1 図書館の設置

　公共図書館（主要には公立図書館）の設置や運営等について規定している図書館法と，学校図書館について規定している学校図書館法とを比べてみると，図書館の設置についての考え方が非常に大きく違っている。

　前者では，地方公共団体が公立図書館を設置する場合は，そのことを条例で定めなければならない（第10条），と規定しているだけで，自治体に図書館の設置を義務づける表現はない。もちろん，設置してもしなくてもよいということではなく，図書館法がその「精神に基き」と冒頭にうたう社会教育法，あるいはその上位法である教育基本法の理念に照らして，人々が自主的，主体的に学ぶための重要な環境整備の一つとして，図書館を設置し，運営することが地方公共団体の重要な責務であることは明らかであるが，法によって直接そのことを自治体に義務づける構成にはなっていない。

　それに対して，学校図書館法では第3条に，「学校には，学校図書館を設けなければならない」と設置を義務づける内容が明確に示されている。1953年に制定されたこの法に先立ち，文部省が1947年5月に制定した学校教育法施行規則の第1条においても，「学校には，別に定める設置基準に従い，

その学校の目的を実現するために必要な校地，校舎，校具，運動場，<u>図書館又は図書室</u>，保健室その他の設備を設けなければならない」（下線筆者）ことが示されており，法律のレベルでそのことを再確認したのが学校図書館法の規定である。

　施行規則にある「図書館又は図書室」という表現は，法規にはあまりみられないあいまいな表現であるが，延長された義務教育の場である新制中学校の発足（そのための学校施設の整備）という大きな課題を背負った戦後復興の始動期にあって，「図書館」とまでは言い切れないためらいが感じられて興味深い。校舎や運動場など明治以来学校には当然あってしかるべきと考えられてきた施設に加えて，図書館，保健室という新教育，子ども中心の学校像を象徴する施設を並記し，新しい学校づくりの意欲を示した規定であるが，この当時「図書館」といえば県立図書館や大学図書館のように独立の建物を備えた，一定規模以上の施設を想定するのが普通であって，そういうものを全国の小学校や中学校に，というのはとうてい無理なことであり，廊下の片隅や階段の踊り場でもよい，「図書室」だ，と表記したのは時代の空気と状況をよく示している。

　それはさておき，二つの法にみられるこの違いによって，現在では，公立図書館は市のレベルでこそ図書館のない自治体はほとんどない状況になっているが，町村となると半数近くがいまもなお自前の公立図書館をもっていない。図書館の設置はあまねくすべての自治体にいきわたっているとはとても言えない実情にある。一方，学校（初等・中等教育の学校）では，その規模や施設・設備の整備状況の違いはともあれ，名目上は「図書館又は図書室」がないということはあり得な

い，という状況を戦後早い時期に達成することになった。

1.2 学校図書館はなぜ必置の施設なのか

　公立図書館には法による設置の義務づけはなく，学校図書館はどの学校にも設置が義務づけられている，ということは，この二種の図書館の間に重要性の軽重があるということではない。公立図書館の設置に関しては，いま本書が直接の考察対象とする課題ではないので，ここで深く立ち入ることは避けるが，法的に社会教育施設と位置づけられる公立図書館については，法によって一律に設置を義務づけることは，その反面として国による権力的な統制の芽を残すことになり，必ずしも望ましいことではなく，本来，住民の自主的な意思の発動によって自治体が個別に判断することこそがなじむ性格のものだ，という考え方が立法の過程において強かった（そういう理念的な面からだけではなく，法制定当時の設置を義務化することによる国の財政的な負担への考慮が大きな要因であったことも当然否めないのだが）。

　一方，学校図書館の有無は，個々の学校のあり方や都合によって変わるものではなく，学校が負っている本来の役割に則して，その「目的を実現するため」に校舎や運動場などと同様に，学校教育にとって必要不可欠なものだ，と当初から考えられたのが，敗戦を機とする戦後教育初期の認識であり，教育観であった。学校教育法の本体に，「小学校においては，文部大臣の検定を経た教科用図書又は文部省が著作の名義を有する教科用図書を使用しなければならない」（旧法第21条1項。現行法では第34条1項）と規定したうえで，それを受けて

第2項に「前項の教科用図書以外の図書その他の教材で，有益適切なものは，これを使用することができる」と学校における教材選択・使用の自由がうたわれた。そのことを具現化するため，必要だと思う教材資料を身近に，確実に入手し，活用できることを保障する手立てとして，学校教育法施行規則に「図書館又は図書室」の必置が盛り込まれたと捉えるのが，新教育の特徴を正確に把握するうえで重要である。

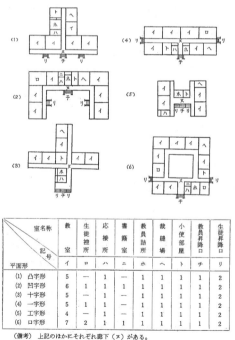

図 1-1 小学校建設図に示された平面図と諸室
　　　　　　　　　　　　（出典：『日本学校建築史』p. 95-96）

学校に図書室（書籍室）を備えること自体は，近代学校の発足当初から，それほど特異なことではなかった。図1-1に掲げたのは，文部省が学制の施行から日の浅い1873（明治6）年に制定した「小学校建設図」に示されている平屋建ての六つのモデルで，そのうち教室が6室以上のやや大規模な二つのタイプ（凹字形，ロ字形）に書籍室が配されている[1]。ごく初期には，学校で使用する教材・教具（教室で提示する掛図や標本など）を保管する場所としての書籍室（倉庫）が置かれたし，やがて辞書や百科事典，図鑑のような参考書が授業でも使用されるようになるとその所蔵場所として，さらには熱心な教師が教科書だけではなくいろいろな児童読み物を課外読書として重用し，子どもたちの身近に備えるようにしようと考えると，それが学級文庫になり，学校の児童文庫（図書館）と目されるようにもなった。

　教育の内容や方法に変化が探究された明治末から大正期の，いわゆる新教育（第一次）の時代には，小学校に付設の町村図書館を含めて，学校図書館の先駆的な存在と言える実態が相当程度に広がりをみせていたのは，さほど不思議なことではない（その詳細は，拙著『日本学校図書館史』参照）。ただそれらが戦後の学校図書館と決定的に異なるのは，学校教育の目的達成に不可欠な制度としてその存在を認めるかどうかの違いである。さらには，教師が管理し，主導する本の保管場所としての図書室と，教育的な作用をする機能としての図書館を構想することとの違いがあり，これは教育観の差異に由来する大きな違いである（この点は後に詳述する）。

　教材の保管場所としての図書室の有無は，学校が物理的に教育環境として成長し，一定の規模を備えるようになると，

必然的に生まれるし,その存在をめぐって格別に論議の対象となるようなものではなかった。しかし,課外読み物のコレクションを学校の中に設けるとなると,それは単純に,ないよりはあったほうがいいことだ,というだけではすまない要素を内在することになる。そこには,子どもたちの学びを国定教科書の伝授のみにはとどめない,という教師の積極的な意思がかかわってくる。となると,学校教育が伝える国家の意思に基づく教育内容との緊張関係を招く芽を含むこととなり,事実,そうしたトラブルは,1924(大正13)年5月の副読本の使用を禁じた文部次官通牒,同年9月に起きた松本女子師範附属小学校における川井訓導事件[2]が象徴するように,さまざまに現れることにもなった。学校図書館を学校に必置のものとするような制度化は,学校教育の基調を「国民」形成に据えた戦前の教育政策の下では望み得ることではなく,心ある教師の教育実践と深く結びついた形で,たえず一定の緊張をもって一部の学校で追求されるにとどまらざるを得なかった。

そういう意味では,戦前の教育との連続と不連続を引き継いだ形で,戦後教育改革の下での学校図書館の設置が進むことになった。「教育課程の展開に寄与し,児童生徒の健全な教養を育成する」(学校図書館法第2条)ために,図書館は学校に必備の施設だとする認識は,教師の教育の自由に信を置き,一人ひとりの子どもの成長を個として大切にし,権利としての教育を進めようとする戦後教育を象徴する特徴の一つであったといっても過言ではない。そういう学校図書館の設置は,法制度上,地域の事情や個別の学校の判断によって選択される問題ではなく,法によってすべての学校に必備のものと規

定することが当然の存在と考えられた。

1.3 「欠くことのできない基礎的な設備」

　学校図書館法第1条には，学校図書館が「学校教育において欠くことのできない基礎的な設備」であることを明記し，「その健全な発達を図り，もつて学校教育を充実する」ことを目的に，この法がつくられたと述べている。そのような認識を基に制度化された学校図書館であるが，「欠くことのできない」ものとして70年に及ぶ戦後教育の中で一貫して存在し続けてきたか，と問われれば，遺憾ながらその実態は希薄である。それどころか，マスコミが学校図書館について報じる際にしばしば，「学校の片隅のひっそりとした本の倉庫」といった常套句が使われるような状態が長く続いてきた。それは学校図書館が貧しかったからという以上に，図書館を必要とするような学校教育の実態が乏しかったことの結果である。

　学校図書館法が学校図書館の役割として掲げる「教育課程の展開」への寄与，児童生徒の健全な教養の育成のうち，とりわけ前者の側面でのはたらきが日常的に具体化されなければ，「学校の中の図書館」としての印象はよほど貧しいものにとどまらざるを得ない。

　子どもたちの自主的，主体的な学びを重視し，教師の創意工夫のある授業づくりを賞揚する戦後教育の象徴の一つとして制度化された学校図書館であるが，初期の新教育への熱気が沈下し，知識の教え込みによる「落ちこぼれ」が学校の病理として指弾される状況が広がる下では，学校図書館は学校の片隅にひっそりする「本の倉庫」にとどまらざるを得ず，

せいぜい本の好きなごく一部の子どもが、休み時間や放課後に本を手にするために訪れるだけの施設になるほかなかった。後述するように、そこに常駐する「人」がいないことがそうした貧しい実態を倍加したことはいうまでもない。

いささか類型的な表現をするならば、学校の中の図書館は、学校教育の主流が子どもたちの主体的な学びに重きを置くときには活性化するが、教師主導の教え込みに力点が置かれる下では、ひっそりしたごく一部の子どもの読書室にとどまりがちとなることは明らかで、少し長いインターバルでみると、事実そのような「振り子」現象を繰り返してきたのが学校の歴史である。大正自由教育（第一次新教育）の時期がその一つの極であり、戦後教育の時期でいえば、学校図書館法の成立期は振り子が転換に差しかかる直前の時期であった。そこからさほど時を措かずに、この法を十分生かせるような風土が弱まる時期が訪れたのは、まことに残念なことであったと言うほかない。

そうした学校図書館が、振り子の再転換により、ようやく息を吹き返す気配を呈するのが前世紀末から現在につながる時期である。子細にみれば、決して手放しでそう言い切れるような状況ではないが、少なくともそういう趨勢はみられるし、それまでにはない新たな要素に支えられて、学校図書館に寄せる社会の関心や期待が大きく膨らんでいることは確かである。

いろいろ課題を残したとはいえ、1997年、2014年の二度にわたる学校図書館法の改正には、そうした要素が背景としてあったことが認められる。その内実を概観し、学校図書館が学校にとって必備の施設、はたらきであることを具象化する

道を探ることを次章で検討しよう。

注
1) 菅野誠著『日本学校建築史－「足利学校」から現代の大学施設まで』文教ニュース社　1973年　p. 94-97
2) 松本女子師範学校附属小学校で大正13年に起きた事件。修身の授業で川井訓導が国定教科書を使わず，森鷗外の『護持院ケ原の敵討』を教材に使ったことを視察の県視学委員，学務課長が授業中に詰問し，後に休職処分にしたことで，信州教育界あげての大事件に発展した。同年の文部次官通牒はそれの伏線ともいえる施策であった。信州教育に対する一連の文部省による攻撃についての詳細は次の拙稿を参照されたい。
　　塩見昇著『日本学校図書館史』(図書館学大系5) 全国学校図書館協議会　1986年　p. 73-80

2章 高まる学校図書館への期待

2.1 転機となった1993年

　アメリカ占領軍民間情報教育局（CIE）による助言もあって、『学校図書館の手引』の刊行（1948年）、学校図書館基準の策定（1949年）など、文部省が、戦後初期の制度としての学校図書館草創期に、学校図書館の振興にかなりの熱意と意欲を示したことは確かである。しかし学校図書館法の制定以降は、司書教諭の資格取得の講習会を大学に委嘱して毎年開催してきたことを除くと、とりたててみるべき施策を講じてきたとはいえない。そうした中で、学校図書館を必要とするような教育が学校現場において希薄となり、学校図書館の沈滞、低迷が長く続いた。学校の片隅にひっそりしがちな学校図書館を辛うじて支えてきたのは、学校現場において校務分掌で図書係を担った一部の教師たちの熱意と頑張りであった。

　そうした状況に政策面で大きな変化が訪れたのが1993年（とそれに先立つ数年間の教育をめぐる動き）である。

　1987年の臨時教育審議会答申によって、教育改革の基本的な方向として「生涯学習体系への移行」が打ち出され、1990年の中央教育審議会（中教審）による「生涯学習の基盤整備について」、92年の生涯学習審議会による生涯学習の振興方策に関する答申が続き、その中で学校教育も生涯学習の一環で

あり、その基礎となる力を形成する独自な教育機関として格別に重要な意義をもつ、という把握が強調されるようになった。教師による一方的な「つめこみ教育」への反省から「ゆとり教育」が標榜され、「自ら学び、自ら考える」学習の重視へと、1980年代末以降、子どもたちの学びの在り方に変化の兆しが生まれたことは認められよう。

　そうした流れの下で、1993年に文部省はこの年を初年度とする「学校図書館図書整備5か年計画」を始動し、学校図書館の蔵書を充実するための経費を地方交付税で措置するとともに、蔵書整備の目安となる「学校図書館図書標準」を設定した。さらに同年、「児童生徒の読書に関する調査研究協力者会議」を設置し、その審議を経て1995年に「子どもと読書とその豊かな成長」のための「三つの視点、10の提言」を提起する。その視点の一つに「新しく魅力的な学校図書館づくり」が掲げられた。こうして国による学校図書館を整備しようという積極的な施策が始まり、「学校図書館情報化・活性化推進モデル地域事業」、「学校図書館資源共有型モデル事業」、「学校図書館支援センター事業」等、いくつかのモデル研究事業が推進された。

　こうした文部省の施策を推進する拠りどころとして、1996年7月の第15期中教審第一次答申「21世紀を展望した我が国の教育の在り方について」が、このレベルの国の審議会による答申としては初めて学校図書館の重要性と施策の必要について次のように言及し、注目を集めた。第3部の「情報化と教育」、高度情報通信社会に対応する「新しい学校」の構築、という文脈における提言である。

学校の施設の中で，特に学校図書館については，学校教育に欠くことのできない役割を果たしているとの認識に立って，図書資料の充実のほか，種々なソフトウェアや情報機器の整備を進め，高度情報通信社会における学習情報センターとしての機能の充実を図っていく必要があることを指摘しておきたい。また，学校図書館の運営の中心となることが期待される司書教諭の役割はますます重要になると考えられ，その養成について，情報化等の社会の変化に対応した改善・充実を図るとともに，司書教諭の設置を進めていくことが望まれる。

ずいぶん踏み込んだ指摘である。この答申では，この部分に先立つ第2部の冒頭で，「これからの学校教育の在り方」について取り上げ，次のような学校像を描いている。

(a)　「生きる力」の育成を基本とし，知識を一方的に教え込むことになりがちであった教育から，子供たちが，自ら学び，自ら考える教育への転換をめざす。そして，知・徳・体のバランスのとれた教育を展開し，豊かな人間性とたくましい体をはぐくんでいく。
(b)　生涯学習社会を見据えつつ，学校ですべての教育を完結するという考え方を採らずに，自ら学び，自ら考える力などの「生きる力」という生涯学習の基礎的な資質の育成を重視する。

これまでの教育が「知識を一方的に教え込むことになりがちであった」といった，それまでの教育政策に対する批判や

反省をまったく欠いた,まるで他人事のような表現には強い違和感を禁じ得ないが,ここには先述した「振り子」の転換を印象づける変化がうかがえることは確かだろう。毎年100億円程度の予算を地方財政に措置する図書整備5か年計画は,その後5年ごとに第四次計画(2016年現在)まで更新を重ねて継続されており,その後更新のための冊数を見込んだことで,現在は単年度200億円程度に増額されている。さらに,2002年度実施の学習指導要領に,教科の枠にとらわれない子どもたちの主体的な学びを軸とする「総合的な学習の時間」が設定されたことで,学校図書館にようやく陽が当たる状況が現れた,と期待感が高まったものである。

2.2 学校図書館蘇生の胎動——人のいる学校図書館へ

　国の施策面でのこうした動きに前後して,学校図書館の現場における先駆的な学校司書の実践が地道に積み上げられ,当事者からの積極的な発信もあって,「人」のいる学校図書館の実際が社会に知られるようになっていたことも重要である。

　戦後初期の学校図書館草創期から,学校図書館を支えてきた熱心な図書館担当の教師(図書主任,図書係教師。必ずしも司書教諭有資格者とは限らない)の力は大きかったが,その実務の面での活動となると,図書館業務にさける時間にはおのずと限りがあり,当人の思いや熱意に多分に拠らざるを得ず,一般化できるものではなかった。「学校図書館の専門的職務を掌る」ため,学校図書館法の上では必置とされた司書教諭を「当分の間,置かないことができる」と緩和する法制定時の附則第2項が長期にわたって存続したことにより,

ほとんどの学校における図書館が「人」のいない状態を重ねる中で，その欠落部分を担ったのが，法には位置づけを欠く「学校司書」と呼ばれる人たちであった。

　学校，特に義務教育学校の図書館に，教師ではなく，図書の仕事を主として担当する職員（いわゆる学校司書）を配置することは，戦後早い時期から各地でさまざまに試みられ，それなりの実績も重ねてきた。しかし，なんらの制度的，財政的保障もないところで，その実態には地域格差が大きかった。米軍統治下にあってほぼ全校配置がいきわたっていた沖縄をはじめ，岡山，長野，新潟などにおいて，学校司書が多くの学校に置かれてきた一方で，ほとんどそうした実態のない都道府県が圧倒的に多い事実が長く続いてきた。それに加えて，配置される職員の身分や処遇は千差万別で，特に初期においてはPTA会費など私費に依存した給与も珍しくなく，雇用の改善が教職員組合の要求事項にも取り上げられた。1960年には文部省が「教育費に対する住民の税外負担の解消について」の事務次官通達を出したことで，それまで私費に依存していた学校司書の配置に大きな転機が訪れる。それを機に，一部で司書配置を公費化する動きもみられたが，他方では私費がいけないのなら人を置くこと自体を止めざるを得ない，というところも少なくなかった。

　この頃に『学校図書館』誌の特集に寄せられた一人の学校司書の声を，貴重な時代の証言として次に掲げる。

　私はお勤めしてから，もうかれこれ10年になります。「そのくらいいるのなら，給料もいいでしょうね？」と問われることがあります。そんな時私は，「恥ずかしいな」と思

います。何となく肩身の狭い思いをさせられるのです。そして心の中で,「何しろ私は,本籍地もないし,私たちの中には住所不定の方だっているのですから…」とつぶやきます。そして,「給料は少なくてよいから,せめて私たちに,はっきりした本籍地を決めてくれたら,もっともっと仕事に対して自信を持っていけるのに…」と思います[1]。

なんとも悲痛な叫びである。「学校司書」という呼称は,そうした彼女たちの訴えを受け,彼女たちが現に学校図書館実務の重要な一部を担っているという認識を強めた全国学校図書館協議会(全国SLA)が,1957年の第8回全国学校図書館研究大会(札幌大会)を機に,「単なる事務屋でもなければ事務助手でもない。立派な専門職なのである」と捉え,この名称を使用するようになったあたりから,学校図書館運動の中で定着してきた(文部省はごく近年まで「学校図書館担当事務職員」という用語に固執してきた。文部科学省(文科省)が「学校司書」という用語を公式に使うようになるのは,2009年に公表された「子どもの読書サポーターズ会議」報告[2]以降のことである)。

その学校司書の中から,学校の教育活動と深くかかわる形での日常の実践が,意識的に交流,発信され,図書館のはたらきがある学校像が世に知られるようになるのが1980年代初期頃からである。その主要な事実をいくつか紹介しておこう。

(1) 岡山市の学校司書の活動と運動

岡山市の小学校で初めて図書室に事務職員を配置したのは,

大土井淑夫が校長を務めた清輝小学校で,1952年10月にPTAの経費を活用することによって雇用した。そこには,「どのように教え込むか詰め込むか,という従来の教授を,どのように学ばせるかの態度を養う学習に,受動を能動に切り替えなければならない」という大土井の教育観に基づく判断があった[3]。他の学校にも同様に図書館に人を置く動きが続いたが,1960年の私費雇用を禁ずる文部省の通達を機に,1962年以降,岡山市では公費による任用が徐々に進むことになる。その推移は次の表に顕著にみられる[4]。

表2-1 1960年代の岡山市における学校司書配置の推移

	学校数		学校司書数	雇用条件の内訳		
	小学校	中学校		市・正規	市・嘱託	P雇用
1960	31	13	23	1		21
1961	31	13	26	1		25
1962	31	13	31	14		17
1963	31	13	37	29		8
1964	31	13	42	30	10	2
1965	31	13	42	29	11	2
1966	31	13	43	32	11	0

しかしその一方で,退職する正規職員の補充に非常勤嘱託が充てられるという動きも生まれ,さらに市域の拡張により,新たに岡山市に組み込まれた地区の学校には学校司書の配置が行われなかったこともあって,正規職員配置校,嘱託の配置校,司書不在の学校という格差が目立つようになる。「転

勤した学校には司書がいない,不便だ,子どもたちが図書館利用から離れている」といった教師の声が学校間の格差として出される一方,正規と嘱託の雇用条件の格差は深刻で,当事者が「岡山市学校司書嘱託の会」をつくり,市職員労働組合の支援を受けて処遇の改善を市と交渉する,といった動きも始まった。

そうした状況を背景に,1978年,岡山市の学校図書館充実のための大きな一歩として,第1回目の請願署名運動が,学校司書の全校配置,嘱託職員の正規職員化,図書費の増額を要求の三本柱として取り組まれた。この運動の中で,「学校司書がおるところと,おらんところの差がはっきり分かるようなものが大事だ」という一議員の指摘などに触発され,学校図書館白書をつくろう,という活動になり,仕事の中身,司書がいることの重要性を具体的に形にしてみせることへと司書の運動は展開をみせる。1980年前後のことである。この間の動きは,『学校図書館はどうつくられ発展してきたか－岡山を中心に』,『本があって人がいて－岡山市・学校司書全校配置への道』(ともに教育史料出版会)に詳しい。

岡山市学校図書館問題研究会という名前を冠するようになった岡山市の学校司書たちの自主的な活動は,1991年に全校配置と嘱託職員の正規職員化の道筋を教育長から確約されるという画期的な成果を得る一方,その間に,学校に図書館があり,司書がいることで何ができるか,を明らかにする学習と実践を集団として蓄積し,本の専門家という特徴になじむ実践として,まずブックトークに力を注ぎ,さらに教師と連携して図書の時間,教科の授業の中での図書館利用などに研さんを進めた。その成果が,『ブックトーク入門』(教育史料出

版会），前掲の『本があって，人がいて』およびそれと同じタイトルのビデオの作成である。特にVTR『本があって，人がいて』は広く全国に普及され，学校図書館に関心を示す多くの人たちに，人がいる学校図書館のよさ，魅力を具体的に，リアルに実感させることで，目指すべき学校図書館像を鮮明に示した貢献は大きい。それによって全国的な学校司書，特に義務教育学校における学校司書の配置と活動の牽引役を果たすとともに，市民の学校図書館運動への強いインパクトを与えた。

(2) 学校図書館問題研究会の発足

1980年頃までの学校司書を主とする学校図書館運動は，身分の改善・確立を求める運動を含めて，教職員組合の教育研究活動という色彩を強くもって進められることが多かった。そのため，母体の組織が異なることもあって，高校の司書と義務教育学校の司書との関係は概して希薄で，交流も少なかった。

そういう状況の下で，図書の時間や授業の中でのブックトークの実施や図書館の活用を意識した岡山市の学校司書の活動を知ることは，高校の司書に新たな視点をもたらすものであり，小・中学校の司書との連携が課題視されるようになってきた。1955年に結成し，公共図書館の司書を主体に，公共図書館の実践的な変革に取り組んできた図書館問題研究会（図問研）に参加していた学校司書の中で，組合組織の中では得がたい高校と小・中学校の司書が一緒に論議し，実践の課題を共有できる個人加盟の研究組織をもちたいという機運が醸成され，1985年に学校図書館問題研究会（学図研）が誕生

する。

　学図研発足への準備は，図問研の研究大会等の場を利用して，「図問研・学校図書館問題研究会をつくる会」という名称のもとで4年ほどの時間をかけて慎重に，丁寧な交流を重ねて進められた。20都府県から96名が参加した神戸における結成大会では，図問研，一足先にやはり図問研を母体に誕生した大学図書館問題研究会（大図研）に倣って，目指す活動の基調を示す綱領を採択している。当初の内容（発足直後の綱領論争を経て，後に一部手直し）は以下のとおり。

　　学校図書館は，平和な社会をになう若者を育てるために，すぐれた教育活動を創り出す教師の実践を支えるとともに，児童生徒に学ぶよろこびや読む楽しさを経験させるという役割をもっている。
　　私たちは，その役割を充分に果たしうる図書館づくりを目ざして，民主的な研修の場を組織する。
　　会員は相互の実践研究を持ちよって，それらを検討し，発展させ，理論化して日常の図書館活動に活かすことで学校図書館の充実と発展に努める。

　活動の綱領を備え，各人が自主的に全国規模で研究と実践を重ね，その経験を持ちよって新たな課題を設定する，というスタイルの，個人加盟の学校図書館関係者による組織はこれが初めてのものであり，学校司書の存在感とそのはたらきが教育社会に独自な役割をもつことを伝えるものとなった。2016年現在，約600名の会員，19支部を擁し，毎年夏の全国大会の参加者規模は400名を超えており，先輩格の図問研，

大図研を凌駕する活況を呈している。

(3) 高校司書による実践記録の公刊

学校図書館運動の進展に視覚の面で強いインパクトを与えた岡山のVTRのことを先に紹介したが，活字を通して学校図書館と学校司書が学校教育においてもつ意味と重要性を訴える優れた著作が高校の司書によってまとめられる。その先鞭をつけたのは，群馬県立高校の司書・八木清江である。群馬県高等学校教職員組合（群馬高教組）の教研活動（教育研究活動）でリーダーシップを発揮していた八木は，教師からの厚い信頼関係を基盤に，熱心に授業づくりに腐心する教師に協力する図書館活動，生徒と心の通う図書館づくりに力を注ぎ，『教研レポート』などにその成果を公表していた。それに着目した筆者が，1983年に刊行した『教育としての学校図書館』（青木書店）の中に「実践レポート」として「化学の授業に協力して」を書いてもらった。

八木は1969年に男子高校（進学校）から農業高校に転勤し，閑散とした図書館で，学ぶ意欲の乏しい生徒を前に，どうしたら彼らに図書館を使ってもらえるか，に腐心する。同じ時期に女子高校から転勤してきた化学のM先生が抱く授業の悩みに耳を傾ける中で，「生徒に知識を与えるだけでなく，知識を得る方法を教え，生徒自身が自分の力で知識を獲得していく体験をさせたら学習意欲をかきたてることができるのでは」と語り合うようになる。そこから，このレポートで詳述されるM先生の考え出した課題学習に，百科事典の使い方を軸にした利用指導で参加し，科学史のレポート作成に協力する協働を創り出す。

実践の詳細は前記の報告に譲るが，先生の構想に賛同し，図書館が協力できることがあれば何でもしようと申し出る。「私は先生の構想を他の人に語ったりしなかった。……先生の頭の中に芽生えた芽が十分に成長するまで」じっと待ったと，実践に移るまでの3～4年を振り返って述べている。大事な準備期だったと思う。

　八木はM先生との協働を通して，生徒を学び，図書館を学んだとして，その要点を次の四つにまとめている。

① 生徒は課題に取り組んでいるうちにだんだん面白くなってくる。
② 生徒は「出来上がった」という完成の喜びで自信をつける。
③ 生徒は調べながらテーマ（科学史）以外のことにも興味を持つようになる。
④ 生徒は学び方を覚える楽しさを味わう。

　四六判の図書で30ページ近いこのレポートは，学校図書館が学校教育の中で役立つこと，心を通じ合える教師との出会いによって，ともに教育の中身をつくる仲間としての共感，授業との接点をもちうることを読む人に感じさせる力を備えたものだった。やはり実践記録は，確かな人に，しっかりした中身を，それなりの分量を使って，たっぷり書き込んでもらうことが重要だと実感した。八木の実践は，学校司書のはたらきを教育の営みとして意義づけたいと願っていた意欲的な司書の思いを強く鼓舞するものであり，学校司書像の形成に大きな導火となった（八木は前述の学図研をつくる会の準備段階からの中心メンバーの一人でもある）。

図 2-1　『学校司書の教育実践』など 2 冊の表紙

　そうした刺激を受けた一人が，西宮市立西宮東高校司書の土居陽子である。前著『教育としての学校図書館』に続くものとして，学校図書館の活動を教育実践という視点から取り上げ，それを一人の司書の自己形成という側面でトータルに，しっかり書き込んでもらいたいと考え，かねて知己の間柄であった土居にこの構想を持ちかけ，生まれたのが 1988 年の『学校司書の教育実践』（青木書店）である。この中で，八木と同様，土居もまた信頼する Y 先生との連携と，そこからの広がりを熱く語っている。この本に触れ，「学校図書館って，こんなことができるのですね」「この本によって，学校司書の仕事に夢と誇りをもつことができました」「私も踏み出す一歩，力を持てました」，と語る若い司書をその後，数多くみることができた。

　1990 年には神奈川県高教組の司書集団が，それぞれいろん

な教科の中で,教師と連携してつくり出した実践を『図書館よ,ひらけ！-授業いきいき学校図書館』(公人社)として刊行し,注目を集めた。ともに版元が図書館関係団体ではなく,教育書を出す一般の出版社からの刊行であったことも意味があったと思われる。

　こうした動きを受けて,1993年には全国SLAからも『こんなにイキイキ学校図書館-学校司書の教育活動』という学校司書のはたらきに焦点を当てた最初の出版物が誕生している。学校図書館の活性化とそこに常駐する司書の役割を結びつけ,「人のいる学校図書館」,専門家といえるスタッフが存在することの意義を教育社会,市民に印象づけたこれらの刊行物の果たした役割は大きかった。

　これまで大方の学校図書館が,「本のある特別教室」の域を出なかった中で,図書館に専任で専門の人が常駐し,子どもたちや教師に対し,求めに応じる資料・情報の提供を行うことが日常化すると,既に幼い頃からまちの図書館を利用することが当たり前になっていた子どもたちから,「わぁ,図書館みたい！」と歓声があがるようになり,そういう図書館や図書館資料を授業等で活用する教師の実践も次第に広がりを呈する。

　1990年代に小・中学校の図書館に専任司書を配置する施策を進めた大阪府豊中市の一教師は,図書館の変化を「新しい風」として次のように綴っている。

　……研究推進校1年目。司書の方から提案されたことを,実現しただけで終わってしまった。しかし,図書館は明るくなり,子どもたちの図書館へ駈け込んで行く輝いた顔。

図書館が子どもたちに，学校に，新しい風を吹き込んでくれたように感じた一年であった。

　2年目に入り，子どもたちは図書館に何の戸惑いもなく，レファレンスしている。図書館に司書がいて当たり前の姿がそこにある。そんな中で，昨年度は個々ばらばらにしていた「図書館を利用した授業」を，今年度は，研究課題としてかかげ，自ら学ぼうとする子どもたちを育てるために，司書との連携を大切にしながら，授業をどう作り上げていくのか，研究していくことになった。肩を張らずに，いつも気軽に，図書館を利用し，子どもたちを主体にした授業が作り出せればと思う。今までの教師からの一方的な授業のあり方を，考え直すいい機会かもしれない[5]。

ここには明らかに，授業に取り組む教師の選択幅が広がり，子どもたちの学びに変化が生まれつつある兆しがうかがえる。そうした事実が日常化すれば，そこから硬直化した学校を変える一つのインパクトになるのでは，という関心が，それまでに地域で図書館づくりの運動や子ども文庫の活動を実践してきた豊富な経験をもつ親や市民の中に芽生え始めたことが，「○○の学校図書館を考える会」など，その後の学校図書館づくりの市民運動の始動につながっていったことが特筆される。これは日本の社会において，これまでにはまったくみられなかった新たな活力の顕在化である。

2.3　学校図書館につながる関心と期待

　教育政策の振幅によって学校図書館が翻弄されるという不

安定な状況は、遺憾ながらいまもなお続いている。しかし、それに一喜一憂するのではなく、よい流れは積極的に活用し、それに照応する確かな実践を重ねることで、学校図書館機能の具体化と定着を教育社会に確かなものとして広げていくことが、いまとりわけ重要な課題である。

ここでは、学校図書館の存在とはたらきを強めることに関連するかと思われる近年の社会的動向のいくつかを確かめることにしたい。

(1) 教育の内容と方法における変化

学校教育の内容と方法を強く規制する公的な基準は、文科省が定める学習指導要領である。これまでおよそ10年ごとくらいの間隔で改定され、それが学校の教育課程の編成、教科書編纂の指針、検定の拠りどころとなっている。その改定が20世紀末からより短期間で繰り返される傾向にある。良きにせよ悪しきにせよ、教育の改革には一定の継続した試行と丁寧な検証がなされてしかるべきであるが、その余裕もなく施策の方針が頻繁に変わるということは、社会の波に翻弄される教育行政の動揺を象徴している。

先にも紹介した20世紀末の中教審答申が強調した「これからの学校像」——子どもたちが「自ら学び、自ら考える」ことで「生きる力」を培う教育を具現化するため、「ゆとりの中で生きる力をはぐくむ」を基本方針に掲げ、教育内容と授業時間数の大幅な削減を提起した1998年12月に改定の小学校学習指導要領では、総則の「教育課程編成の一般指針」に、

　学校の教育活動を進めるに当たっては、各学校において、

児童に生きる力をはぐくむことを目指し,創意工夫を生かし特色ある教育活動を展開する中で,自ら学び自ら考える力の育成を図るとともに,基礎的・基本的な内容の確実な定着を図り,個性を生かす教育の充実に努めなければならない。

とうたい,いわゆる「ゆとり教育」を提唱した。学校の完全週5日制への移行と合わせ,特に大きな関心を集めたのは,教科を越えて広く学ぶ力を身につけさせようと新設する「総合的な学習の時間」で,2002年度から小・中学校,翌年度から高校で実施された(数年前から試行的に実施)。この時間の取扱いについて,指導要領は次のことを指摘している。

第3　総合的な学習の時間の取扱い
1　総合的な学習の時間においては,各学校は,地域や学校,児童の実態等に応じて,横断的・総合的な学習や児童の興味・関心等に基づく学習など創意工夫を生かした教育活動を行うものとする。
2　総合的な学習の時間においては,次のようなねらいをもって指導を行うものとする。
　(1)　自ら課題を見付け,自ら学び,自ら考え,主体的に判断し,よりよく問題を解決する資質や能力を育てること。
　(2)　学び方やものの考え方を身に付け,問題の解決や探究活動に主体的,創造的に取り組む態度を育て,自己の生き方を考えることができるようにすること。
3　各学校においては,2に示すねらいを踏まえ,例えば国

際理解，情報，環境，福祉・健康などの横断的・総合的な課題，児童の興味・関心に基づく課題，地域や学校の特色に応じた課題などについて，学校の実態に応じた学習活動を行うものとする。
5 総合的な学習の時間の学習活動を行うに当たっては，次の事項に配慮するものとする。
 (1) 自然体験やボランティア活動などの社会体験，観察・実験，見学や調査，発表や討論，ものづくりや生産活動など体験的な学習，問題解決的な学習を積極的に取り入れること。
 (2) グループ学習や異年齢集団による学習などの多様な学習形態，地域の人々の協力も得つつ全教師が一体となって指導に当たるなどの指導体制，地域の教材や学習環境の積極的な活用などについて工夫すること。

　教科書も指導書もない，子どもたちの興味や関心を基点に，教師の創意工夫にすべてが委ねられる，という授業形態に当初，教育現場からは困惑で迎えられた「総合的な学習の時間」であるが，徐々に多様な試行を重ね，この時間だけが子ども主体の学習ではなく，本来，どの科目の授業においてもこうした学びが広がることこそが重要だ，という受け止めが語られるようになっていく。当然，こうした学習は学習環境として学校図書館の整備・充実をぬきには成り立たない授業であり，学校図書館の利活用を促進するものだと期待感が高まった。
　しかしその成果を検証する暇もなく，次項で述べるPISAショックによる学力低下の非難を受けて，文科省は2003年

12月に指導要領の一部手直しを急ぎ行い，2008年の改定で授業時間を増やす，総合学習を縮小する，といった「教える授業」の強化に舵をきる。マスコミが「"ゆとりからの逃走"が始まった」（『毎日新聞』社説　2007.9.1）と揶揄し，再考を求める朝令暮改である。毎日新聞の批判の一端をみよう。

　　教育政策の成否を見るには年数と注意深い解析が必要だ。
……
　　共通カリキュラムの教科学習を再び拡充し，総合学習や選択教科を削るというのは「ゆとりという理念のしんどさから逃げる」ことではないか。
　　ゆとり教育導入の最大のつまずきは，学校現場や国民に共通理解を広げる説明が十分なされなかったことだ。

だが，ひとたび現場に生まれた創意工夫の流れは消えるわけではないし，消してはいけない。元来，こうしたタイプの学習は，戦前の大正自由教育の中で，あるいは戦後初期の自由研究において，心ある教師の実践の中で試行されてきた歴史的な遺産を一定程度備えている。子どもたちの学ぼうという意欲と興味・関心を大事にするところにこそ，真の学びが生まれるという確信に拠って，充実した教育実践をつくり出していくことが重要である。

(2)　学力低下への対応と学力の質の追求へ

「ゆとり教育」を標榜する1998年改定の学習指導要領には，それが実施に入る前から厳しい批判が集中した。戦後長く続いてきた従来の指導要領に対する批判は，国（文部省）の権

力的な指導に対し，日本教職員組合（日教組）が国家主導の思想統制だと批判するという厳しい対立構造が常だった。ところがこの時期の改定に対しては，理数科系の大学教員や経済界から「学力の低下」を危惧する厳しい反対の声が上がる。「分数の足し算ができない大学生！」といった現象がマスコミを通して大きく報じられ，実施以前の指導要領を即刻廃止せよ，というラディカルな主張もなされた。

　思いがけないサイドからの批判に直面した文部省は，2000年4月にカラー刷りのきれいな広報資料を作成して，「新しい学習指導要領で学校は変わります－完全学校週5日制の下で"生きる力"をはぐくむ新しい学校教育を目指して」を強調し，「授業時数は減っても学力は低下しません」と弁明に努めた。2002年1月には「確かな学力の向上のための2002アピール－学びのすすめ」を大臣自らが訴える，といった応酬が21世紀初頭の大きな社会問題化した。

図 2-2　文部省の広報　パンフレット表紙

この背景には、2000年から経済協力開発機構（OECD）によって行われた国際的な学習到達度調査（PISA）の結果、日本の子どもの学力が思っていたほどには高くない、という事実によってもたらされた、いわゆる PISA ショックの影響が大きい。

OECD の PISA とは、OECD 参加国が共同で開発した 15 歳児を対象とする学習到達度を測るもので、2000 年に最初の本調査が行われ、以後 3 年ごとに継続して実施されている。調査は、読解力、数学的リテラシー（応用力）、科学的リテラシー（応用力）を主要 3 分野として行われ、初年度は読解力を主に、2 回目は数学的リテラシーを中心に実施された。その後も含めた調査の結果から日本の序列をみると、表 2-2 のようになっている。

表 2-2　PISA における日本の成績順位

	読解力	数学力	科学力	参加国数
2000 年	8 位	1 位	2 位	32 か国
2003 年	14 位	6 位	2 位	41 か国・地域
2006 年	15 位	10 位	6 位	57 か国・地域
2009 年	8 位	9 位	5 位	65 か国・地域

この結果を受けて、文科省も日本の学力について初めて「世界のトップレベルとは言えない」との表現を使って、厳しい現状認識を示した。特に参加国の平均程度にまで落ち込みの目立った「読解力」に対応するため、「読解力向上プログラム」の策定に着手し、2005 年 12 月に公表する。

この調査結果は，さまざまな論議を喚起し，ここでいう学力は日本の学校でふだん捉えているそれと一緒なのかどうか，といったことを含めて，「学力」の質が基本のところから問われることになった。ちなみに，PISA調査の目的については，PISAの報告書『生きるための知識と技能』では次のように解説している。

　　生徒がそれぞれ持っている知識や技能をもとに，自らの将来の生活に関係する課題を積極的に考え，知識や技能を活用する能力があるかをみるものである。常に変化する世界にうまく適応するために必要とされる新たな知識や技能は，生涯にわたって継続的に習得していかねばならないからである。その意味では，生涯にわたって学習者であり続けられるような知識，技能がどの程度身についているかを見るものである。

　たしかに日本の学校で通常考えられてきた学力とはかなり違った側面を追求しようとしているようにうかがえる。特に低落が激しいと注目が集まった「読解力」（読解リテラシー）の定義をみると，

　　読解リテラシーとは，自らの目標を達成し，自らの知識と可能性を発達させ，効果的に社会に参加するために，書かれたテキストを理解し，利用し，熟考する能力である。

とされる。この定義には詳細な内容の説明が付されており，「将来それぞれのコミュニティに積極的に参加することを期

待されている生徒たちの手段あるいは道具として捉え」るためにこの用語を採ったこと，読解リテラシーが「学校の卒業や就職など」とともに，「豊かで継続的な個人生活や生涯学習」などの自己の希望を実現することにつながるものであること，「参加する」という表現に，「人々が自分のニーズを満たすとともに，社会に貢献できること」，「社会的，文化的，政治的な関与」を含むものであることが示されている。

こうした説明をみると，この調査で測定しようとしたのは，生涯にわたって継続する長い学習過程の一環としての15歳期の子どもが身につけるべき基礎的なリテラシーであり，「市民的リテラシー」（岩川直樹）と呼ぶにふさわしい内容と考えられる[6]。2003年調査で読解力，科学的リテラシーで1位，数学的リテラシーで2位を占めたフィンランドが，学校や教師に多くの裁量を認め，探究的な学習や読書を大いに奨励していることが伝えられるや，フィンランドの教育がにわかにブームを呼んだことは記憶に新しい。しかし，ここで構想される学力は，「学力低下」の要因として標的視される1998年学習指導要領で登場した「総合的な学習の時間」がねらいとした「自ら課題を見付け，自ら学び，自ら考え，主体的に判断し，よりよく問題を解決する資質や能力を育てる」学びにこそ，むしろ親和性があると言えるのではないか。

2006年調査で15位まで序列を落とした読解力が，2009年のPISA調査で8位に上昇し，低落が続いていた日本の学力順位が初めて上昇に転じたということで，文科大臣が談話で，「読解力向上プログラム」の策定，PISAと類似の問題を出す全国学力調査の実施など，一連の施策と学校の取り組みの成果だとの認識を示した（『朝日新聞』2010.12.8）。ちなみに数学

的リテラシーは9位（前回10位），科学的リテラシーは5位（前回6位）である。

　なんとも軽薄な政策評価というほかない。こうした「学力」の序列論議にさしたる意味があるとは思えないし，それはPISAが本来求めたものにもそぐわないだろう。「学力の向上」が喧伝される一方で，PISA対策を折り込んだ設問を含めて2007年から始まった「全国学力・学習状況調査」が，学校現場に新たな試験対策や都道府県ごとの序列を競う結果を招くなど，教育の現場は「学力」に振り回されている，という皮肉な状況も露呈している。

　せっかくの学力論議を，学校教育が子どもたちに保障する学力，責任を負うべき学力とは何か，を追求し，学校が現に行っている教育の中身を丁寧に問い直す糧として活かしていくことこそが重要である。

　その後の教育学研究や政策レベル，学校現場の教育論議を賑わすタームとして，キー・コンピテンシー，21世紀型能力，探究学習，アクティヴ・ラーニング，などが目立っている。それぞれにPISAショックを経て「知識・技能を活用して課題を解決するために必要な思考力・判断力・表現力等」を重視する「確かな学力」を目指そうとするものであろうが，学校現場でじっくりと時間をかけて取り組み，その結果を丁寧に吟味し，検証する余裕をもって取り組むことこそが大事である。

　OECDが15歳児を対象に実施しているPISA調査のほかに，生涯にわたる人材の質を把握するプロジェクトとして，16歳から65歳を対象に，仕事や生活の場面における読解力，数学的思考力，ITを活用した問題解決能力を測定した「国際

成人力調査」(PIAAC) がある。2011 年に調査し，2013 年に結果を発表したものである。日本はここで，読解力，数学的思考力で 1 位を占めているが，この結果を年齢別に各国と比較した田中昌弥が，先に PISA の 2003 年，2006 年調査の読解力で「学力低下」を問題視された世代「23〜25 歳」「20〜22 歳」層の読解力が OECD 平均を大きく上回り，トップクラスになっていることに注目し，不慣れな PISA テストでは苦戦したが，PIAAC が測ろうとした実際的能力が育っていたと言えるのでは，と指摘しているのは興味深い（図 2-3 参照）[7]。

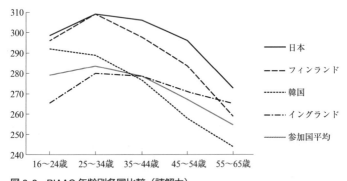

図 2-3 PIAAC 年齢別各国比較（読解力）
　　（出典：教育科学研究会編『学力と学校を問い直す』p. 135　田中昌弥作成）

　同様にこの調査結果に着目した根本彰は，探究学習の要素が取り入れられた学習の体験者の高得点から，日本の教育の「成功」を読み取っている[8]。数量化して示せない学力論議は不毛だ，という指摘もあるが，数量的なデータで測る「学力」の捉え方，解釈の難しさがあることも否めない。

18歳の生徒にまで選挙権を与え，市民としての意識と権利行使を求めるという選挙制度の改革も，2016年の参議院選挙で実施の段階となり，主権者教育の在り方が問われている。国際的な序列に一喜一憂するのではなく，市民として，主権者として生きるための力の最も基礎的なものの習得を，それにふさわしい時期である学校においてこそ，すべての子どもに保障する真の「学力」が追求されなければならない。「学校教育の充実に資する」というときの学校図書館の役割，貢献もそのことと関連づけて考えていくことが重要である。

(3) 子どもの読書振興

　2001年に議員立法で「子どもの読書活動の推進に関する法律」(子ども読書推進法) が制定された。子どもの読書離れを危惧する声は今に始まることではなく，既に1960～70年代から，子どもの生活環境の変化，テレビなど新しいメディアの普及が進む中で，子どもが本を読まない，読めなくなっていることが問題だと指摘されてきた。学校読書調査における「不読者率」（5月1か月間に一冊も読まなかった子どもの割合）の変化がその指標として常に話題になってきた。

　法律は，子どもの読書活動の意義を，「言葉を学び，感性を磨き，表現力を高め，創造力を豊かなものにし，人生をより深く生きる力を身に付けていく上で欠くことのできないもの」と捉え，「すべての子どもがあらゆる機会とあらゆる場所において，自主的に読書活動を行うことができるよう，積極的にそのための環境の整備」を推進することが国及び地方公共団体の責務である，と基本理念（同法第2条）で述べている。

　子どもの成長・発達にとって読書が重要だということには，

社会的にも大方の合意があることだが，法律をもってしてまでその推進を図るとなると，論議の余地は少なくない。事実，法案の確定までにはいろいろ意見も寄せられ，公権力による「良い本」の強制になるのではないか，などの危惧も強かった。法の理念に「環境の整備」が盛り込まれたのはその反映である。

法の第8条が，政府に「子ども読書活動推進基本計画」の策定を求め，第9条で，それを踏まえて都道府県，市町村がそれぞれ推進計画を策定するよう努めることを奨励しており，これまでに第一次から第三次の計画が閣議で決定されている。2013年時点ですべての都道府県において，市町村では59％が推進計画を策定している。

第一次計画の策定を伝える通知文書で文科省は，「図書館における子どもの読書活動の推進」，「学校図書館の蔵書の充実」，「学校図書館司書教諭の配置の促進」などに言及しており，第三次計画では「いわゆる学校司書」の配置にもふれている。この側面からも学校図書館整備の動きにインパクトが強まることが予想される。

この施策は，行政の縦割りを越えて，子どもの読書とかかわりをもつ各種の領域が連携しての取り組みとするところに特徴がある。従来からの公立図書館と学校図書館の協力・連携で，というだけでなく，幼児教育や保育，子育て，子ども会などの機関や活動が，子どもの読書ということでの新たな連携を図っているケースも各地の実践例には散見され，学校図書館をそうした子どもの生活総体を視野に置いた広い視点から考えていく動きが広がれば，大いにその成果も期待できよう。

(4) 情報化の進展

「これからの学校像」を提起し,その中で学校図書館へのかつてない大きな期待を示した1996年の中教審答申が,学校図書館を取り上げたのは「情報化と教育」―「高度情報通信社会に対応する『新しい学校』の構築」の文脈においてであった。そのことが象徴するように,近年の学校図書館への期待感を支える要素の一つに,情報環境の急激な変化,教育に及ぼす情報化の進展がある。

1998年の「情報化の進展に対応した初等中等教育における情報教育の推進等に関する調査研究協力者会議」の最終報告『情報化の進展に対応した教育環境に実現に向けて』においても,学校図書館への期待感は強く,情報化に対応した教育環境整備の課題として,「教育用コンピュータ等の整備」の項で,

(学校図書館の整備・充実)

　我が国の学校図書館へのコンピュータの設置率は,平成10年3月現在で14.4％にとどまっている。今後,学校図書館については,コンピュータやインターネット利用環境を整え,司書教諭の適切な指導の下に子供たちの主体的な学習を支援し,読書センターとしての機能に加えて「学習情報センター」として機能を強化していく必要がある。

さらに,「指導体制の充実について」の項でも次のような指摘がある。

(司書教諭の役割)

学校図書館が学校の情報化の中枢的機能を担っていく必要があることから，今後，司書教諭には，読書指導の充実とあわせ学校における情報教育推進の一翼を担うメディア専門職としての役割を果たしていくことが求められる。司書教諭は，情報化推進のための校内組織と連携をとりながら，その役割を担っていくことが重要である。具体的な役割としては，子供たちの主体的な学習を支援するとともに，ティーム・ティーチングを行うこと，教育用ソフトウェアやそれを活用した指導事例等に関する情報収集や各教員への情報提供，校内研修の運営援助などが考えられる。国や教育委員会においては，司書教諭の職務や役割等の重要性に関する周知や資質の向上に一層努めていく必要がある。

この時期，教科「情報」の特設など，情報教育の推進との関連で学校図書館を見直し，司書教諭にメディア専門職としての役割を期待するという考え方が強まったことが注目される。「情報」についていくらかでも学んでいるであろう司書教諭有資格者に期待を寄せたことはわからないではないが，情報科担当教諭の養成が進む中で，それは急速にすぼみ，施策としての司書教諭＝メディア専門職観は一過性に終わった。
　しかし，インターネット，携帯電話の急速な普及，授業におけるデジタル教具の広がり，ネット情報へのアクセスが，学校図書館をデジタル情報環境の一環として捉える視点を強くしていることは明らかだし，その面での役割が大きいことは確かである。PISAに触発された学力論議でも関心が集まった，情報を「批判的に読み，主体的に活かせる」リテラシーは，図書館利用教育や日常の資料・情報提供の活動を通し

ても,学校図書館が参画しうる内容である。

(5) 人の整備を軸に,学校図書館の充実を求める市民の運動

　近年の学校図書館の整備・充実を進める流れをつくってきた主体の一つに,各地の「学校図書館を考える会」など市民活動があることは,日本の教育文化運動,児童文化運動の大きな特徴として特筆される。それは 1960 年代後半から広がった子ども文庫の活動,70〜80 年代を通して公立図書館の整備に大きな力を寄せてきた図書館づくり市民運動に根をもち,そこからの展開として 1990 年前後から多様な活動として全国各地で生成,交流,発展してきている。

　当初は,既存の「図書館をつくる会」「考える会」「文庫連絡会」「こどもの本連絡会」などが,それまでの公共図書館に関する問題だけでなく,学校図書館の整備にも目を向けはじめ,学習や要求の対象に学校図書館,とりわけその担い手である学校図書館の「人」の問題を取り上げるようになったケースが一般的である。1980 年代後半のことである。そこには先に紹介した学校司書の実践の意識的な発信,なかでも岡山市の学校司書による VTR『本があって,人がいて』がリアルに示した「人がいる学校図書館」像の普及による影響が大きい。

　学校図書館を独自に整備の目標に掲げた「学校図書館を考える会・〇〇」の誕生は,1990 年前後とみてよさそうである。

1990 年　4 月　越谷市学校図書館を考える会（埼玉県）
1991 年 10 月　学校図書館を考える会・近畿
1992 年　7 月　学校図書館を考える会・北本（埼玉県）
　　　　　8 月　学校図書館を考える会・さいたまネットワー

　　　　　ク
　　11月　学校図書館を考え専任司書配置を願う市民
　　　　の会（大阪府豊中市）
　　　　石川・学校図書館を考える会
1993年　2月　三鷹の学校図書館を考える会（東京都）
　　　　多摩市学校図書館を育てる会（東京都）
1994年　3月　熊本市の学校図書館を考える会
などがその初期のものである。

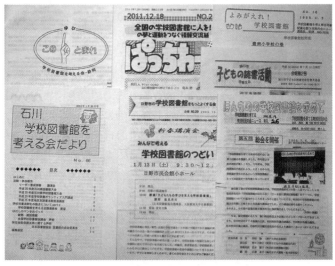

図2-4　各地の「学校図書館を考える会」の会報など各種

　これらの中で，非常に早い時期の発足であり，その活動内容においてもユニークさを備える「学校図書館を考える会・近畿」[9]の場合を次に紹介する（以下，「近畿」と略す）。

図2-5 『わがまちの学校図書館づくり』表紙

　筆者自身もその立ち上げから深くかかわってきた「近畿」は1991年10月に発足した。1990年に東京で開催されたシンポジウム「学校図書館を考えよう」に参加した土居陽子の発案で、関西でもこうした企画をということで、91年1月に大阪で「学校図書館を考える」シンポジウムを開いたことが起点となった。当時大阪では、箕面市教育委員会が教育施策として学校図書館の整備・充実を考える検討委員会を設置し、92年度から学校図書館司書の配置を年次的にスタートさせており、1年遅れて豊中市においてもモデル校方式で学校司書を配置し、学校図書館教育の振興に着手するという状況にあった。そういう状況を背景に、「近畿」は、司書配置を想定している箕面市の施策を市民レベルでどう受け止め、支援で

きるか,という思いで結成に至った。北村幸子を中心に,「みのお図書館を考える会」の新井せい子,「大阪府子ども文庫連絡会」の安達みのり,学図研の土居陽子などが協議を重ね,大阪の各地を主に,それぞれの自治体,地域で文庫活動や図書館づくりの運動に参加してきた市民が数多く共感を寄せ,91年10月の結成大会にこぎつけた。

　元代表の北村が折にふれ強調したように,「近畿」は運動体ではなく,学習組織だということを活動の基調としてきた。学校図書館に「人を置く」こと自体はもちろん重要なことであるが,人を置くことでどんな学校図書館をつくるのか,置かれた人がどんな仕事をすることで,学校に何を創り出すか,それを担える人の在り方と内実を深めることに一層の関心を据え,そのための「学習」に重点を置く活動を志向したのが「近畿」である。1994年に企画した現に学校に配属されている学校司書に力をつける「学校図書館講座」,人の配置に一定の見識を備える3市1町(箕面市,豊中市,羽曳野市,熊取町)の学校図書館行政担当者の参加を得て開いた1996年のシンポジウム「わがまちの学校図書館づくりを語る」,あるいは毎年の大会にセットした講演やシンポジウムのテーマにそのことが鮮明にうかがえる。

　1992年　学校5日制と図書館
　1993年　生涯学習時代の学校図書館
　1994年　学校図書館法の今日的課題
　1999年　新しい教育課程に向けて
　2002年　新教育課程と教育実践を考える　　　など

市民主体の「学校図書館を考える会」で，学習内容に学校論，教育課程とカリキュラム，学習指導要領，総合的な学習の時間，学力，などを正面から取り上げる活動はほかにはまずないだろう。市民活動が人（学校に配置された司書）を育てる研修講座を企画・実施するというのもきわめてユニークで，それを機に大阪では教育委員会が行う学校司書の研修機会が公式に府・市で始まることになるという成果もみられた。
　どんな形にせよ人が置かれるようになれば一歩前進だ，という運動に短絡させず，学校教育と向き合う学習を重ね，学校図書館を活かした授業づくり，それを担えるだけの力を備えた人のいる図書館を追求することに基軸を据えたのが「近畿」20年の活動であり，そういう意味での市民「運動」が「近畿」だった。筆者もこの20年の総会と関連行事には毎回「求めに応じて」参画し，本書の主題である学校図書館の教育力の構想も多分にその中で醸成されたものと思っている。

　1997年3月には「学校図書館を考える全国連絡会」が結成され，毎年各地の状況の交流の機会をもつとともに，学校図書館への人の配置，特にその関連での法改正問題で，精力的にロビー活動も行っている。次項で取り上げる近年の2度の法改正にあたって，その貢献は大きいものがあった。

(6)　議員連盟　法整備に動く

　図書館の振興を図ろうという超党派の議員集団（図書議員連盟）が，1970年代末に結成された。図書館が政策課題として意識される状況が生まれてきたことの反映である。1980年秋の全国図書館大会に来賓として挨拶した図書議員連盟の

事務局長が,議員立法による図書館事業振興法をつくっては,と提起したことを契機に,図書館関係団体が連絡会を設けてその要綱づくりを行い,1981年に図書館事業基本法(要綱)第一次案が公表され,論議を呼んだ。

基本法づくりは図書館界において意見集約が成らなかったこともあり,実ることはなかったが,その後,図書議員連盟のほかにも図書館,子どもの読書,出版文化などに関心を寄せる議員集団がいくつか結成されている。子どもと本の議員連盟,子どもの未来を考える議員連盟,活字文化議員連盟,などである。

なかでも「子どもと本の議員連盟」,それを継いだ「子どもの未来を考える議員連盟」は,民主党から衆議院議員に選出された児童文学者の肥田美代子が事務局長,事務局次長に就き,子どもの読書や学校図書館の振興に積極的に活動しており,議員立法による1997年,2014年の二度の学校図書館法改正に大きな役割を果たすことになった。子ども読書推進法の制定もこの議員連盟に負うところが大きい。活字文化議員連盟は文字・活字文化振興法の成立に力を尽くしている。

後述する2014年の学校図書館法改正が残した検討課題に取り組むために,新たに学校図書館議員連盟が発足する。平成28年度の活動計画には,第5次学校図書館図書整備5か年計画の策定を求めるとともに,以下のような学校図書館整備の財政措置を求めるとしている[10]。

(1) 子どもの自主的な探究学習や言語活動,アクティブ・ラーニングを推し進めるため,蔵書の配分比率を是正し,新刊図書や共通教材(百科事典,辞書,図鑑)の拡充を

図るとともに，古い図書や教材・資料は年限を決めて廃棄・更新するなど学校図書館の図書・資料の質の向上を図る。特別支援学校の図書館図書・教材の拡充についても十分配慮するものとする。
(2) 18歳選挙権の実施にともなう主権者教育を促進するため，小学校，中学校には3紙以上，高等学校には4紙4セット（図書館に1セット，各学年に1セット）の新聞を配備し，小中高の各段階において情報リテラシー教育の促進に努める。
(3) 学校図書館法が想定する学校司書は「学校設置者が雇用する職員である」という政府見解に基づき，全校1名の学校司書配置が可能となるよう予算規模の拡大に取り組む。また改正学校図書館法附則で明記された学校司書の資格のあり方やその養成については，「学校図書館の整備充実に関する調査研究協力者会議」の議論を踏まえ，その具体化を図るため，有識者による調査研究部会を設置し，一年以内にその結論を得るよう努める。
(4) 学校教育の中核たる学校図書館に必要な人材を育成するため，教員養成課程に「学校図書館活用教育」や「情報リテラシー教育」などの科目を導入するとともに，すべての教職員が学校図書館の運営に参画する体制を整える。

2項で新聞の配備を取り上げているのは，文字・活字文化振興法に基づく施策として，国による地方財政措置で2012年度から学校図書館に新聞を備える経費を見込んだことに対応する要求である。

2.4 学校司書の法制化

こうした社会的な動きを背景に、直接には議員連盟の尽力の帰結として1997年、2014年に、学校図書館の人に焦点を絞った二度の学校図書館法の改正がなされた。

1953年の制定以来、幾度も手直しが重ねられた学校図書館法であるが、これまでの法改正は、もうその必要はなくなったということでの削除や、他の法律の改正に連動した字句修正レベルにとどまり、学校図書館の振興につながる積極的な改正はなされていない。そのため当初の全文15条から7条にまで縮小され、法はやせ細る一方だった。その学校図書館法が、初めて内容のある積極的な改正としてなされたのがこの二度の改正で、ともに長年にわたって懸案とされてきた「人」にかかわる改正である。しかし、内容的には基本的な課題の打開にまでは踏み込まず、大方の期待を裏切る非常に不十分な、妥協の産物に終始したことが特徴である。以下、その要点をまとめておこう。

(1) 1997年改正

法の第5条で司書教諭の必置を定めながら、法を制定した際に、養成に時間がかかることを根拠として「当分の間」その配置を猶予してきた附則第2項を改めたのがこの機の改正の焦点である。

40年以上にわたって「当分の間」が存続することで、「学校図書館の専門的職務を掌らせる」はずの司書教諭が実際にはほとんどの学校に不在であるという事態が継続し、その撤廃が法の制定直後から求められてきた。それがようやくこの改

正により,「当分の間」を「平成15年3月31日までの間（政令で定める規模以下の学校にあっては当分の間）」と改めることで,原則として撤廃された。ここでいう政令により,その規模は11学級と定められたので,その結果,2003年4月以降は12学級以上の規模の学校には,必ず司書教諭が置かれることになった。学校図書館の人に関する大きな変化であり,関係者による長年の悲願が果たされたことになる。

　しかし,ここにはなお大きな課題が残された。12学級に満たない学校といっても,それは例外的な小規模校というわけではなく,全国的にみれば小・中学校のほぼ半数を占めている。文科省の平成26年度学校図書館実態調査の時点の統計でみれば,公立小学校20,437校の45.2％,中学校10,372校の51.3％が12学級未満の学校であり,なお引き続き「当分の間」司書教諭不在を公認されることになり,これでは公教育の平等原理が損なわれるのは明らかである。

　発令される司書教諭がどこまで「学校図書館の専門的職務」を担えるのか,という問題はなおそのまま存続する。司書教諭としての定員措置があるわけではなく,「充て職」発令でやれることにはおのずと限りがあるのは明らかで,専任の学校司書の配置こそが強く望まれるのだが,そのことには「関係者間での合意がない」ことを理由に,この改正では対象の外として残された。国会審議の議事録をみると,司書教諭配置を内容とする法案の審議でありながら,質問者が取り上げる発言の内容では,むしろ学校司書に関係することがより多く俎上に上り,答弁者が「今回は司書教諭のことです」という立ちを隠さない展開に,この改正の問題点が浮き彫りにされたのが1997年法改正であった。

(2) 2014年改正

1997年の法改正によって司書教諭の発令が「形式上」進んだことで，この制度の矛盾が一層明らかになり，実質的に学校図書館の仕事を担える人の確保が学校図書館整備の緊喫の課題となった。そのことを対象に据えたのが2014年の法改正で，それにより初めて「学校司書」が法制化された。法の第6条に「学校司書」という新たな条を立てて，

第6条（学校司書）
　　学校には，前条第1項の司書教諭のほか，学校図書館の運営の改善及び向上を図り，児童又は生徒及び教員による学校図書館の利用の一層の促進に資するため，専ら学校図書館の職務に従事する職員（次項において学校司書という。）を置くよう努めなければならない。
2　国及び地方公共団体は，学校司書の資質の向上を図るため，研修の実施その他の必要な措置を講ずるよう努めなければならない。

と明記することで，これまで影の存在だった「学校司書」が法制上の学校職員として公認された。画期的な変化である。

この改正に至る法案確定までの過程で，学校司書をどのような存在として，いかに位置づけ，その配置を確かなものとするか，資格要件や養成方法などをめぐる論議がさまざまに重ねられた。「専任・専門・正規」という運動サイドの大方に共通する求めに対し，法案を準備した議員連盟のメンバーもそのことでの原則的な異論はなかったが，それが現実にどこまで可能か，という状況判断の中で，何とか踏み込んだ妥協

の産物として，次のような附則と附帯決議に落ち着けた。

附則
（検討）
2　国は，学校司書（この法律による改正後の学校図書館法（以下「新法」という。）第6条第1項に規定する学校司書をいう。）の職務の内容が専門的知識及び技能を必要とするものであることに鑑み，この法律の施行後速やかに，新法の施行の状況等を勘案し，学校司書としての資格の在り方，その養成のあり方等について検討を行い，その結果に基づいて必要な措置を講ずるものとする。

　学校司書が専門職員であることを何とか言葉にして残そうという腐心の策である。それはそれとして理解できるが，この改正は，学校司書を配置する努力義務を明示したところまでであって，その内実のすべては以後の検討課題として残された。
　改正にあたって衆参両院でそれぞれ附帯決議がなされた。内容の上で大きな違いはないが，ここには参議院決議をみておこう。

参議院文教科学委員会における決議（2014年6月19日）
　政府および関係者は，本法の施行に当たり，学校図書館が子供の育ちを支える重要な拠点であることに鑑み，次の事項について特段の配慮をすべきである。
1　政府及び地方公共団体は，専門的知識や技能を必要とする学校司書の職務の重要性に鑑み，学校司書の配置を

進めること。その際,現在の配置水準が下がることのないよう留意するとともに,その配置の在り方について,将来的な学校司書の定数化や全校配置を含め,検討を行うこと。
2　政府は,地方財政措置など学校司書の配置の促進のために現在講じられている取組の充実に努めるとともに,地方公共団体に対し,その趣旨を丁寧に周知すること。
3　政府及び地方公共団体は,学校司書の職務が,継続的な勤務に基づく知識・経験の蓄積が求められるものであること等に鑑み,学校司書が継続的・安定的に職務に従事できる任用・勤務条件の整備に努めること。
4　政府は,司書資格の保有状況など学校司書に係る実態調査を速やかに実施すること。また,その結果を踏まえ,学校司書の教育的役割を十分に考慮した位置づけ,職務の在り方,配置の促進,資質の向上のために必要な措置等について,検討を行うこと。
5〜7　（司書教諭に関連する内容　略）

　本書が主題とする,学校図書館の教育力を活かして学校教育の充実を図る図書館のはたらきを具現化するためには,その役割を自己の責務として自覚し,またそのような期待を学校内外から受け,実際に果たしうる力量を備えた「人」を学校図書館に得ることの可否にかかっている。そのためにも,この検討課題にできる限り高いレベルでの裏づけを用意することが,当面の最重要課題である。そのことはどれだけ強調してもしすぎることはない。

2.5 「人」に係る施策はなお混迷

　義務教育学校に「学校司書」を配備する近年の流れは，隔年に文科省が実施している学校図書館の全国実態調査をみても，少なくとも数の上では増加が確認できる（高校では逆に年々減少している）。

表 2-3　校種別学校司書配置状況（国公私立）

		2010 年	2012 年	2014 年
小学校	学校数	21,471	20,980	20,437
	配置校	9,612	10,037	11,109
	割　合	44.8%	47.8%	54.4%
中学校	学校数	10,634	10,495	10,372
	配置校	4,913	5,086	5,507
	割　合	46.2%	48.2%	53.1%
高　校	学校数	5,087	5,001	4,967
	配置校	3,528	3,387	3,201
	割　合	69.4%	67.5%	64.4%

　文科省の調査では，調査対象である学校司書について，「本調査における『学校司書』とは，専ら学校図書館に関する業務を担当する職員をいい，教員を除いています。また，ボランティア（無償で活動を行う者）についても除いています」と説明している。しかし，県教委を介して各地から寄せられる実際の回答内容が，どういう人をもって「学校司書」がいると答えているかは不分明で，その内実は千差万別，実に多

様であることは想像に難くない。2014年調査の内訳でも、小学校の学校司書11,640人のうち9,583人が非常勤職員であり、中学校も5,904人中4,486人が非常勤である。一口に「非常勤」といっても、退職教員の再雇用、他の業務との兼務、同一人が複数校に勤務など、その内実は決して一様ではない。

2014年調査を基に文科省が整理した資料によると、常勤・非常勤を含めて学校司書として現に勤務している人からの回答分13,309人が採用時に所持している資格・経験等は次のようになっている[11]。

図書館法による司書資格の所持	7,260人（55%）
司書教諭	1,828人（14%）
図書館に勤務した経験	3,677人（28%）
資格・実務経験なし	3,574人（27%）

採用にあたって雇用する自治体（1,741団体）が求めた資格等の要件は、次のとおりである。

図書館法による司書資格所持	1,023団体（59%）
司書教諭資格所持	262団体（15%）
図書館の勤務経験	275団体（16%）
資格・経験を問わない	603団体（35%）

図書館法に基づく司書資格は、公共図書館を想定したものであり、学校図書館の仕事を担うのに十分なものではないが、学校司書の資格が存在しない中では、図書館職の専門性を担保するものとして採用に際して重用され、現に所持する人も

日本図書館協会　出版案内

JLA Bookletは、図書館とその周辺領域にかかわる講演・セミナーの記録、話題のトピックの解説をハンディな形にまとめ、読みやすいブックレット形式にしたシリーズです。

図書館の実務に役立ち、さらに図書館をより深く理解する導入部にもなるものとして企画しています。

JLA Bookletをはじめ、協会出版物は、こちらからお買い求めいただけます。また、お近くの書店、大学生協等を通じてもご購入できます。

二次元バーコード

お問い合わせ先
公益社団法人
日本図書館協会　出版部販売係
〒104-0033
東京都中央区新川1－11－14
TEL：03-3523-0812（販売直通）
FAX：03-3523-0842 E-mail：hanbai@jla.or.jp

---

no.1 学校司書のいる図書館にいま、期待すること

木下通子著『読みたい心に火をつけろ！』（岩波ジュニア新書）の出版記念トークセッションの大切さを語り合った内容を収録。図書館や読書について未来にについて知りたい方にもぜひ読でりたい一冊。関係者の記録。

ISBN 978
4-8204-1711-8

no.2 読みたいのに読めない君へ届けマルチメディアDAISY

保護者、立場から、図書館員、DAISYディレクシアやマルチメディアDAISY製作者のそれぞれの立場から、DAISYについてわかりやすくまとめた一冊。読みやすいブックレットについての認識のしやすさ）が高いUDフォントを使用。

ISBN 978
4-8204-1809-2

JLA Booklet　既刊1

no.19　Live! 図書館員のおすすめ本 人はなぜ本を紹介するのか　リマスター版

図書館員が本を紹介することの意味、その仕事を図書館を越えて、出版の世界、広く読者へ届けるために読書です。

ISBN 978 4-8204-2404-8

no.18　図書館員が知りたい著作権80問

図書館現場から実際に寄せられた質問を基に、著作権と図書館サービス等々、悩んだときにぜひ関係者につとき、作者・書出版社にも役立つ一冊です。Q&A形式で平易に解説しどころ」

ISBN 978 4-8204-2405-5

no.17　戦争と図書館 戦時下検閲と図書館の対応

第109回全国図書館大会東京大会分科会「戦争と図書館」の講演録。太平洋戦争中の思想統制の抵抗、資料提供の自由を使命としたい手にしたい一冊です。方を考えるとき、ぜひ

ISBN 978 4-8204-2403-1

no.16　図書館のためのマンガを研究する

「海外図書館のマンガ所蔵に関する大規模総合的研究」の成果を踏まえての講演録。日本文化として今後に言及しており、マンガという資料の特有性について必要な課題を知る一冊。

ISBN 978 4-8204-2311-9

no.15　「やさしい日本語」

外国人の状況や図書館の役割を実践的な「やさしい日本語」とっても役立つツールを用いて大切なサービスをあしく説明し、図書館で広く伝える大切なツール一冊。利

ISBN 978 4-8204-2306-5

no. 新著作権制度と実務

期待に応えることが求められている現在、必携の一冊です。

ISBN 978 4-8204-

好評発売中！！

no.13 その基本的な考え方と手法

日図協資料保存委員会委員長であり、東京都立中央図書館等で長年資料保存の仕事に携わり全国各地で講師をつとめた「講義録」。資料保存の真の意義を確認できる好著。コンパクトで実践つきの内容ながら研修会や講義でも使える実務つきの内容あり。

ISBN 978-4-8204-2218-1

no.12 「非正規雇用職員」図書館で働く女性非正規雇用職員講演録

公共図書館で働く非正規雇用職員の問題を取り上げたセミナーの記録。講演や報告、参加者の意見交換や職員のあり方を考えるなか、これからの一歩になる書。課題に焦点をあて、図書館サービスと職員のあり方を考える大切な記録です。

ISBN 978-4-8204-2209-9

no.11 学校図書館とマンガ

図書館になぜマンガが必要か（理論編）、「学校図書館にマンガ導入する意義」等を解説し、マンガをぜひ学校図書館の蔵書に、と高く評価さもに、海外マンガの紹介を導入している学校図書館マンガの入れる意義を訴えさせる一冊です。

ISBN 978-4-8204-2208-2

no.10 図書館法の原点から図書館の使命を問う図書館振興を考える

2020年11月第106回全国図書館大会（お会場）に示された備の略年表記録版図書も念）と図書館法を考えるときに必須一冊。図書館法展開の略年表記録。塩見昇氏と山口源治郎氏の講演を簡にした対談略年表記録。

ISBN 978-4-8204-2206-8

no.9 現代日本図書館年表 1945－2020

1945年の太平洋戦争終結から2020年までの日本国内関連の図書館界の出来事を簡潔に成長図書館の構想を索引につなげる現状に役立つ状況を俯瞰するためるた知の動きを簡潔に分析・内容評価で、一冊年表に。将来書年表に向けた図書館の一冊です。

ISBN 978-4-8204-2114-6

JLA Booklet 既刊19冊 好評発

no.8 やってみよう資料保存

図書館における資料保存の取り組みや利用者保障のための資料保存対策は、図書館の基本業務を策定するにあたり必読書。この本から資料保存に取り組むためのカベを、すべりやすく解消する入門書。災害時対処法など、図書館分野からの資料保存解説本。

ISBN 978-4-8204-2109-2

no.7 「公立図書館の所管問題を考える」講演録

2019年3月開催の図書館政策セミナー講演録。公立の首長部局所管や委託、指定管理者制度など、施設設置法的根拠からの懸念・議論・公立図書館による役割社会教育委員会運営の意義など、公立図書館の役割を考察する一冊。

ISBN 978-4-8204-2007-1

no.6 水濡れから図書館資料を救おう！

「水濡れ」の厄介なダメージへの対応方法や、大規模災害時に前に行動を。被災資料に関わる人々にとって貴重な情報源となる一冊。救出方法など詳しく紹介し管理する重要性を説く資料管理本。事例など詳しく紹介。

ISBN 978-4-8204-1907-5

no.5 図書館システムのデータ移行問題検討会報告書

新システムへのデータ移行における2018年1月17日に出力データがルール化提案。学習会の管理状況や課題、システム変更に伴うパスワードのワードの記録なども収録。図書館システムの移行の現状を解説。

ISBN 978-4-8204-1905-1

no.4 「法的視点から見た図書館と指定管理者制度の諸問題」講演録

図書館政策セミナー「法的視点から見た図書館と指定管理者制度の諸問題」講演録。指定管理者制度導入について、法律専門家の視点からデメリットを明示し、関わる全ての人必読の書。指定管理者制度における法的関係問題の検証・制度の導入要件などを解説。

ISBN 978-4-8204-1812-2

no.

1979年改訂のころ…

宣言の改訂に直前が当時の状況と現場の雰囲気などがよく伝わってくる一冊。

ISBN 978-4-8204-

多いというのはうなずけることである。

　「全国の学校図書館に人を！の夢をつなぐ情報交流誌」をうたい文句に刊行されている『ぱっちわーく』が毎号，各地の学校図書館職員の公募情報を掲載しているが，それを拾うだけでもその多様さは歴然とする。2016年3月発行分からその一端をみてみよう。

北海道江別市　学校司書（非常勤職員）　1年雇用（更新あり）月額96,200円
宮城県角田市　学校図書館支援員　1年雇用　120,000円
宮城県柴田町　図書館非常勤職員　1年雇用　時給1,000円
茨城県かすみがうら市　学校図書館司書（臨時職員）6か月（更新あり）時給910円
埼玉県三芳町　学校司書（臨時職員）　学期雇用（更新あり）　時給890円
東京都渋谷区　学校図書館専門員　1年雇用　200,000円
神奈川県横須賀市　学校司書（資格職非常勤）1年雇用　89,000円（週3日，8月なし）
大阪府四條畷市　学校図書館支援員　1年雇用　時給1,050円
大阪府羽曳野市　学校司書（嘱託員）　1年雇用（更新あり）192,000円
和歌山県橋本市　臨時職員（学校図書館業務）　半年雇用　日額6,180円
島根県津和野町　学校図書館司書　1年雇用　2校勤務　時給774円
岡山県津山市　学校司書（非常勤嘱託員）　半年雇用（更新あり）179,100円

山口県宇部市　学校図書館等支援員　週4日4時間半　日額4,297円

福岡県宗像市　学校司書　1年雇用（月15日程度）　150,000円

福岡県中間市　学校図書館事務職員　時給800円

　スペースの関係上，勤務の日数・1日当たり時間，資格要件，業務内容，勤務する学校数などの詳細を書き出すことはできなかったが，ここに掲げた限りでも名称，待遇など非常に多様で格差も大きいことがわかる。ここから一定の共通なイメージを描くことは非常に難しい。ほとんどの場合，とても生活を保障できる勤務条件ということはできない内容である。公式に採用条件を公示しているケースについてだけでもこういう現状であり，それ以外となると一層その多様性は拡散するに違いない。

　先にもみたように，「専門的知識及び技能を必要とする」職務に従事する人を学校司書として配置するよう努めなければならない，という内容で2014年改正法が施行された2015年4月1日以降の実態（ごく一端ではあるが）がこれである。各自治体が厳しい財政状況の中で「学校司書」を配備しようとしている労苦は多とすべきであるが，苦肉の妥協で成立した2014年改正法の趣旨さえもがここに反映しているとはとても言えない。高松市で市民の会が2016年2月，市教委に現在の「学校図書館指導員」という呼称を法に明示された「学校司書」に改めるよう求めたところ，採用時の応募要件が多様で，司書資格のない指導員もいるので改称できない，と断られたという[12]。移行期を積極的に先導しようという意欲がうかがえないのは残念である。資格も問わない非正規雇用

の臨時職員を,日替わりで複数校に配置する施策を,「一歩前進」だとして誇示するような教育委員会が少なくないことを思うと,なお道遠しを思わざるを得ない。それを克服するためには,身近なところにしっかりした図書館活動の実践に裏づけられた,豊かな学校図書館像の普及が広がることをぬきにはあり得ない。その中身を次章で探ることにする。

注

1) 「一つのねがい」(学校司書の生活と意見　北海道の高校司書の声)『学校図書館』99号　1959年1月　p. 21
2) 『これからの学校図書館の活用の在り方等について』(報告)において,学校司書の重要性について以下のように記述している。
　　学校図書館の業務の専門性を考え合わせると,専門的な知識・技能を有する担当職員である,いわゆる「学校司書」の役割が重要となる。学校図書館担当職員については,現在,その職務内容の実態等は様々となっているが,「学校司書」として,図書の貸出,返却,目録の作成等の実務のほか,資料の選択収集や,図書の紹介,レファレンスへの対応,図書館利用のガイダンスなど,専門性を求められる業務において大きな役割を担っている例が少なくない(p. 18)。
3) 戦後初期の清輝小学校における教育と学校図書館づくりについては次の文献の第1章に詳しい。
　『学校図書館はどうつくられ発展してきたか－岡山を中心に』教育史料出版会　2001年　p. 33-74
4) 同上　p. 201
5) 山田悦子「学校に新しい風:図書館に人を得て」『いいとこみ～つけた－動き出した豊中の学校図書館』学校図書館を考え専任司書配置を願う市民の会　1995年
6) 岩川直樹「誤読／誤用されるPISA報告」『世界』2005年5月号

p. 121-128
7) 教育科学研究会編『学力と学校を問い直す』かもがわ出版　2014年　p. 134-135
8) 東京大学教育学部編『カリキュラム・イノベーション』東京大学出版会　2015年　p. 86-87
9) 「考える会・近畿」は2013年に会としての活動は閉じたが，20年間の活動記録（会報のバックナンバー，作成した図書，冊子8点）は，筆者や元代表の北村幸子とも縁の深い大阪教育大学の附属図書館に寄贈し，保存されている。一般の利用も可能である。
10) 2016年3月16日に衆議院第一議員会館で開かれた「学校図書館図書整備5か年計画の継続・拡充を求める集い」に提案された議員連盟の活動計画。『ぱっちわーく』275号　2016年4月17日に掲載。
11) 『学校司書の現状について』文部科学省初等中等局児童生徒課　2018年6月19日
12) 『本があって人がいる学校図書館を願う会ニュース』5号　2016年3月

3章 図書館のはたらきを備える学校

3.1 学校——その制度と制約

　18世紀の思想家であり,「子どもの発見者」として知られるJ. ルソーによって,「私たちは弱いものとして生まれる」と言われたヒトの子どもが, ゆっくりと長い歳月をかけて人間へと成長・発達するうえで欠かせない教育という営みを, 社会, とりわけ国家的な意思として制度化したものが近代学校制度である。

　現代社会においては, 子どもの成長初期の一定期間を就学義務化し, 義務教育として実施している。社会においてさまざまな教育機能がある中で, フォーマルな教育機関である学校が主要に担っている役割は, 児童生徒に対して人類が築きあげてきた文化を, 彼（女）らの意欲と能力との緊張の中で伝達する活動を中心に, 学習者一人ひとりの個性を全面的に開花させ, 文化の創造的な担い手, 社会の主権者へと形成するための基礎を醸成する発達保障である。

　一定の年齢に達したすべての子どもを学校に就学させ, ある規模の学習集団（学級）に編成し, 教科書という共通教材を媒介に, 一人の教師がカリキュラムに従って教授し, 学習を進めるという授業スタイルの学校教育は, 国際的にみればなおその進度の差異は大きいものの, 百数十年の試行を通し

て制度として進展をとげ，大きな成果を果たしてきたことは明らかである。

しかし，それが制度として定型化されればされるほど，そこにはさまざまな矛盾や制約が生じることも避けがたい。例えば，数十人の子どもを学年・学級としてひとまとめの学習集団に編成することは，その発達段階としての標準的な学習目標に向けて授業を進めるうえで効率的であることは確かだが，一人ひとりの子どもはみな違っており，発達の度合い，学習内容への興味・関心，習得の程度や進度は決して一様ではない。小学校入学時のおよそ1年に近い誕生以来の年月の違いは本当に無視してよいのか。国語に秀でた子どもが算数や体育は苦手だというのは珍しいことではないし，自分が好きだと思う分野や主題については，その学年に想定されたレベルよりもはるかに高い内容に興味を示すということはよくあることである。

ナショナルカリキュラム（学習指導要領）に準拠して編集された検定教科書は，標準的な学習内容にふさわしいものではあろうが，全国一律にどの地域のどの学校においても，それが常に最もふさわしい教材であるとは言えまい。40分単位で次々と学習する教科を変えるという時間割編成が，一人ひとりの子どものニーズにかなったものでないことは当然であろう。

こうした制度化された学校における制約，矛盾は，集団学習を有効に進めるためにはやむを得ない問題であり，子どもの個性重視，個別学習の導入にどう腐心しても解消しきれることではない。それは学校制度に内在する避けがたい「学校のカベ」である。

しかしそれは，やむを得ないとして放置してよいことではない。一つの授業の中で，あることを学んだことにより触発された疑問が，次の授業時間になってもまだ頭から抜けない子どもがいても不思議ではない。むしろそうした「なぜ」，「どうして」という疑問，知的興味・関心を大事にすることは，学びの重要な起点であり，それが学校教育の成果として生まれた疑問であれば，なおのことそうである。そこで，こうした学校のカベを越え，子どもたち一人ひとりが自主的，主体的に学ぶことを支え，助長する何らかの仕組みを学校制度自身が備える必要が生ずる。その一つが本書の主題とする学校図書館である。

3.2 学校の中の図書館

先にもみたように，学校図書館は「学校教育を充実すること」を目的として，学校に必備の施設として設置されるよう，法によって規定されている。教育法の体系の中でそのことを最初に明記した学校教育法施行規則（1947年）の第1条では，「学校には，その学校の目的を実現するために必要な校地，校舎，校具，運動場，<u>図書館又は図書室</u>，保健室その他の設備を設けなければならない」（下線筆者）と規定している。

ここに列挙された諸施設（規則では「設備」と表現している）のうち，前半の「校地，校舎，校具，運動場」は明治初期に始まる日本の近代学校の中でも当初から，その規模や整備の状況には違いがあっても，学校には当然備えるべきものとして整備し，存続されてきたものであり，教育に必要な物的環境＝施設として大方の合意があるものである。それに対

して，後半に掲げている「図書館又は図書室，保健室」は単なる物的環境ではなく，戦後教育の目指すものに即して不可欠な機能として認められ，ここに並記されることになった新たな存在である。

ここでは保健室の問題はさておき，「図書館又は図書室」が学校において備えるべきものとしてもつ意味について考えることにしよう。

まず一つは，それが学校の一部であり，かつ独自な機能を備えた教育の営みだということである。学校の「図書館又は図書室」は学校から独立して存在するわけではなく，学校の一部であり，どの学校の学校要覧などをみても，普通教室と区別して，理科室，音楽室，工作室，保健室……などと並べて「特別教室」の一つとして並記されるのが普通である。

「特別教室」とは「普通教室」に対置して慣用される表現であり，『教育学大辞典』(第一法規)では次のように説明している。

　　（一般に学級に固有の教室にあてられる普通教室では）学習のために特別の設備を必要とする授業を行うことは困難である。特別の設備を必要とする授業のためには，そのための設備を備えた特別の教室が設けられる。これを一般に総称して特別教室とよんでいる。特別教室は個別には，理科教室・音楽教室・家庭教室等というように，その教科の名称を冠してよばれるのが普通である。しかし，視聴覚室のように教科の教室でないものも，特別教室に含める場合もある。(大串不二雄)

伝統的な学校における教室の区分として，これはごく常識的で，一般に慣用されている表現であろう。この説明に即せば，図書室は視聴覚室と同様のカテゴリーに含まれるものと解することができる。しかしここに並記される諸室は，教育作用としてみると決してみなが同質のものではない。

　学校教育法施行規則が「図書館又は図書室」という表現をする「図書館」と「図書室」の違いも実はそこにある。規則がつくられた当時，その違いがいまだ明確でなく，単に規模の違い程度にしか区別されなかったことが，この表現になったと言えよう。

　施設・設備を使うことによって，普通教室での授業では困難な，何らかの教育的効果を得ることができるということでは共通するが，それ自体が児童生徒や教師に対して働きかける能動的な作用の有無において決定的な違いがある。その部分がみえないとすれば，他の諸室と同様に，それを使うことである種の効果が得られる（本を読むため，辞書を調べるために訪れ，その目的を果たす）学校の設備である。その限りでは「図書室」と表記されてもおかしくはない。しかし，「図書館」となると，作用は大きく違ってくる。違ってこなければならない。単に必要に応じて使われるだけでなく，それ自体が備えるコレクションについて情報を発信したり，使い方の助言や指導をしたり，といった能動的な働きかけを行う。それが成り立つためには，その作用を生み出す人の存在が欠かせない。

　「人」を伴った機能体というところが，学校図書館が他の特別教室とはっきり一線を画す違いである。そのはたらきそのものが，普通教室で営まれる教授＝学習過程とはひとあじ

違った教育の営みである。

　二つ目には、それが「図書館」だという点にある。「学校図書館も図書館である」ということが学校司書を主とする学校図書館運動の中では強調されることがよくある。「図書館だ」ということにより、学校図書館も「図書館である」こと、図書館であることにより、小なりとはいえ図書館としての機能が発揮されることによって、新たに発足する新教育の学校に欠かせないものとなると考えられてここに掲げられた。しかし、当初はまだそれがどういうはたらきであり、いかなる場合に、どんな機能が、どのように発揮されるかが十分よくは理解されていなかったために、「図書館又は図書室」とちょっと抑えた表現にせざるを得なかったのであろう。

　学校の中の本を備えた図書室（実験設備を備えたのが理科室であり、楽器を置いてあるのが音楽室であるように）に学校図書館法といったものをわざわざこしらえるとなると、体育館に体育館法、音楽室に音楽室法を、あるいは各教科ごとに国語科教育振興法、社会科教育振興法をこしらえないといけないことになる、それでは学校教育法の体系が崩れてしまう、と所管の文部省内に単独法として学校図書館法を制定することへの異論が少なくなかった[1]、というのは、無理からぬことであった。

　では、図書館の機能を通して学校教育の充実に資する特別な施設とはどういうものか。それはどのような機能＝はたらきによって、学校に必備の存在たり得るのか。

3.3 図書館活動と図書館教育

　学校図書館が学校教育とその主役である子どもたちの学びにかかわる場面を考えると、それは大別して二つある。

　一つは、日常的に子どもたちや教師が、学校の教授＝学習過程をはじめさまざまな経験、必要から生ずる資料や情報への要求をもって図書館を訪れるのに対し、図書館のスタッフによって提供されるサービスの営みを通してである。

　子どもが授業中であっても、必要を感じたらいつでも図書館へ調べにやってくる、というのは学校にある図書館としては当然の前提でなければならないはずである。授業で触発された興味や疑問（それを生むのが質のよい授業であろう）を解明したり、深めるために、放課後や休み時間に訪れる。学校行事や学級活動、クラブ活動に必要な知識や情報を求めて訪れることもあろう。もちろん子どもたちにとって、物理的にも最も身近な図書館である学校図書館は、日ごろの暮らしや遊び、楽しみにかかわって何かを知りたい、何かを読みたいと思って利用することもあろう。

　一方、教師にとっても図書館は授業づくりの貴重な支えでありパートナーである。学校の教育目標の設定、年間計画の立案から始まって、日々の授業計画においてやりたい授業へのイメージを広げ、教材研究によってその具体化を考える逐一で、適切な資料や情報を提供してくれる図書館のはたらきは、図書館による学校運営や授業づくりへの参画だ、と言ってよい。

　これらのはたらきは、学校図書館が行うサービスとしての活動であり、「学校図書館活動」として把握できる。そのはた

らきの担い手は，いつも図書館に常駐し，学校の現況をよく把握し，資料に精通しており，子どもたちや教師の求めを受け止め，的確に対応できる学校図書館専門職員である。必要な資料が学校にない場合は，近隣の学校図書館と連絡をとりあったり，地域の公立図書館から借り受ける。教育センター等のデータベースを検索することもあろう。展示やブックリストなどで進んで資料の紹介をしたり，求めがあれば教科の授業や図書の時間の中で資料の紹介，ブックトークをしたりもする。こうしたはたらきは，いつでも求めを受け止められる専門スタッフの存在を抜きにしては決して成り立たない活動である。逆に，そういう専門スタッフの的確な支援によって，図書館への信頼と期待が高まり，もっと図書館を利用しようという意欲も増幅される。学校の中の図書館が，教師と児童生徒，学年や学級のカベを越えた交流の場となり，いつでも気軽に訪れたい生活の場にもなる。それは新たな学びを生み出す温床である。

　二つ目は，学校図書館の資料と場，上に述べた図書館の機能（はたらき）を活用しての授業をはじめとする教育活動そのものを通じてである。資料に囲まれた図書館を場として，あるいは図書館資料を教室に持ち込んで教科の授業（調べ学習）を行う，学び方の一環として図書館の利用法を指導する，あるいはどの子もが本を好きになるような読書の指導などである。こうした教育活動を「図書館教育」と総称することができる。それはどの学年，クラスにおいても計画的に実践されることが必要であり，それぞれの学級・教科の担任教師が日常的に担わなければならない活動である。小学校において時間割の中に特設される「図書（館）の時間」も，決してそ

れは司書に任せてすすむものであってはならず、当然その中に位置づけられることが必要である。

　学習指導要領が、指導計画作成における配慮として、「学校図書館を計画的に利用し、その機能の活用に努める」ことを掲げているのは、そういう日常を期待してのことである。どの教師もがそうした指導ができるように、司書教諭や図書館専門職員（学校司書）が協力し、援助することになる。

　この二つは、教育の場の図書館が学校教育の充実に資する上でともに欠かせない教育の機能であり、しかも相互に補強しあう関係にあって、いずれかが不十分であれば他の進展を期待できないという関係にある。日ごろから図書館に親しみと期待を抱いていない教師が図書館を活用した授業を企画することはあり得ないし、図書館で楽しい本と出会った経験のない子どもが、必要に応じて図書館を使うというのも期待しがたいことである。一方、図書館が面白いし、好きだという興味・関心が、図書館についてもっと知りたい、図書館の上手な使い方を学びたいという意欲にもつながる。授業で図書館を使う経験が日常化すれば、子どもは普段から何か知りたいこと、わからないことがあれば図書館へ、ということになろう。そうした関係の中で、自分の学校の図書館を、よりよいもの、使える図書館にしなければという教師集団の学校図書館づくりへの関心と力が結集されるようになることが重要である。

　明らかに担い手を異にする図書館活動と図書館教育、この二つの側面が有効に機能することで、学校図書館は学校教育の充実に確かな関与をすることになる。

　文部省が1959年に指導資料として作成した「学校図書館

基準」(最初の基準は 1949 年に策定)では,学校図書館の機能を次のように規定している。

  B　機能
 1　学校図書館は奉仕機関である。児童・生徒および教師の必要に応じて資料を提供し,教育課程の展開に寄与し,教養・趣味の助成にも役だたせなければならない。
 2　学校図書館はまた指導機関である。問題解決のために図書館を有効に利用する方法を会得させ,読書指導によって読書の習慣づけ・生活化を教え,図書館利用を通して社会的,民主的生活態度を経験させる。

　学校図書館の機能をまずは「奉仕機関」として捉え,その上で「また指導機関である」と表現するのは,ここで述べた図書館活動と図書館教育の関係に通じる認識とみてよい。決してその逆ではない。学校教育の場で「奉仕」という考え方は必ずしも一般になじむものではないかもしれないが,学校教育の役割が無知な子どもへの一方的な教え込みではなく,子どもに内在している可能性にそっと手を添えて引き出してやる営みだと考えれば,学校教育を「支援」「サービス」として認識するのは重要なことである。学校図書館が学校に「欠くことのできない基礎的な設備」(学校図書館法第 1 条)として,教育における固有の役割を示し得るのもそのことにおいてである。

3.4 学校に図書館のはたらきがあることで

　学校図書館が専任で専門のスタッフを備え,図書館教育の全校的な実践に強い関心と豊富な経験をもつ司書教諭の指導性,そして全校の教師集団の図書館を活かす教育活動への取り組みと協力体制が整備されていくならば,学校が一方的な教え込みから子どもが主体になっての学びの場へと転換していく変革への展望が望めよう。それこそ「生きる力」を育む生涯学習の時代の学校の姿である。
　そうした学校と学校図書館像を次のように整理しておこう。
(1) 子どもたちや教師がいつでも期待感をもって訪れることができ,いろんな出会いや発見のある開かれた学習(資料・情報,読書)センターが学校内に生まれる。
(2) 授業などで触発された子どもたちの疑問を解き明かしたり,興味や知的好奇心を広げたり深めることにつながる多様な資料,楽しい本との出会いがサービスとして提供される。
(3) 教師の教育計画や創意に富んだ授業の展開に必要な教材資料がサービスとして提供され,創意・工夫のある授業に向けての教師のイメージが図書館のはたらき(支援)によって具体化される。
(4) 教科の授業や図書の時間の指導を,教師と学校図書館専門職員との協同の営みとしてつくり出せる。
　明らかに役割を異にする専門家同士が協同して学校の教育活動を担い,実践を進めることになる。学校教育の充実にはさまざまな専門家の参加・協同が不可欠である。
(5) 地域の公共図書館をはじめ各種図書館組織との連携・協

力により，広範な情報資源へのアクセスが可能となる。

　小さな学校図書館が，広く大きな情報資源の世界への窓口としてつながっており，誰もがどこまでもアクセスできることを実感することは，探求の喜びと楽しさを味わえるし，情報時代に必要な情報を主体的・選択的に使いこなせる基礎的能力の育成につながる。

(6) 生徒図書委員会の活動を，専任スタッフの不在をカバーするお手伝いではなく，子ども主体の文化活動として発展させることができる。

　これまで図書委員会は専任の図書館スタッフ不在の穴埋め役にとどまりがちであった。本来，委員会自身の自主活動，子どもたちの手による図書館から全校に向けての情報発信がさまざまに行われるべきであろう。

このようなはたらきが成り立つのは，「図書館」という仕組みそのものに内在する特質に由来するし，それが学校にあることで有効に活かされることが重要である。それを次章以下において，「学校図書館の備える教育力」として考察しよう。

注

1) 学校図書館法制定に力を尽くした当時の担当文部官僚であった深川恒喜への筆者の聞き取りで披露された話。1985年6月1日に深川宅で採録。この聞き取りの全部を私の死後であれば公開してもよいという了解を得て記録化したものが次の文献である。
　「戦後初期の日本における学校図書館改革－深川恒喜インタビュー記録」『生涯学習基盤経営研究』第35号　東京大学大学院教育学研究科生涯学習基盤経営コース　2011年3月　p.67-93

4章 学校図書館の教育力

4.1 教育力

はじめに「教育力」という表現そのものについて述べておきたい。

「教育力」は，教師による指導の力量や，子どもが育つ環境による作用などについて論議する際によく使われる表現であるが，総合辞典や教育関係の専門辞典等に特段の説明をみることはないようだ。「最近は家庭の教育力が弱くなっている」，「地域の教育力を大事にしたい」といった文脈で語られることがよくある。

近年の著作では，斎藤孝の『教育力』（岩波新書，2007年）がある。著者は，「教育にたずさわる者に求められる力・資質とはどのようなものか」をこの本で取り上げる，と冒頭で述べている。斎藤が掲げる「いい教師」であるための要件には，「教師自身が学び続けること」，「学び上手であること」，「専門的力量と人間的魅力」，「研究者的な態度＝研究が面白くて仕方がないと感じていること」等々が強調される。いずれもうなずける内容である。教師自身が学ぶ意欲をもち，教科書に書いてあることに対しても，それが間違いでないにしても，本当にそれだけなのか，と探求する「研究者的な態度」をもつことが，子どもたちにも学ぶことへの「あこがれ」，面白さ

を感じさせることになる。教育の一番の基本は，学ぶ意欲をかきたてることであり，それには，「教えるもの自身が，あこがれを強く持つ必要がある」，「あこがれを伝染させる力」が教師の教育力だ，といった面白い表現もあり，共感できる。

しかし，ここで言われる教育力は，学習指導に携わる者（教師）に求められる力と資質であって，図書館という機能体の教育力を考える場合には，そのまま当てはめることはなじまない。少し視点を変えて，「地域の教育力」を考える際のそれに近いと捉えるのが妥当だろう。「地域の教育力」という場合には，地域社会が子どもの成長・発達にとって備えている力であり，「地域もしくは地域社会の持つ歴史的，文化的，社会的，自然的条件が人の成長・発達に及ぼす作用」という意味で使われる。こうした側面から，人類が長い歴史の中で創り出し，積み上げてきた図書館という存在，それが学校社会に配備され，機能する際に発揮されるであろう「教育力」を本書では考えてみたい。

4.2 図書館＝もう一つの学校

2015年8月26日に鎌倉市立図書館の公式ツイッターが，「学校が死ぬほどつらい子，図書館へ」と呼びかけ，共感を集めたことがマスコミに報じられ，話題を集めた（『朝日新聞』2015.8.27）。図書館が居場所をもてない子どもたちにとって，安心して心をひらける場であり，生きる力をもたらすことは，これまでからさまざまに語られてきた。一例として，図書館で学ぶことは，それ自体がその子にとっての「学校」なのだという事実が，一人のジャーナリストによって次のように報

告されたことがある。

かなり旧聞に属することになるが，1999年9月に開催された日本教育学会の第58回大会の課題研究「いま，子どもをどう理解するか」にゲストスピーカーとして招かれた毎日新聞の池田知隆記者（当時）の発言である。世紀の変わり目にあって，荒れる学校，不登校の問題などに苦慮する教育現場を前に，教育学の研究者が学会において設定したこのテーマに，長期連載「子どもたちのシグナル」を取材し，報道してきた教育取材班の経験から，「学校をめぐる"価値意識"の変容と"倫理"の問題を考えてみたい」と前置きして，池田は以下のような発言をしている。少し長くなるが「明るい不登校」という小見出しをつけた部分を大会記録からそのまま引用する[1]。

「なぜ学校に行くの？」，この素朴な問いにいま，多くの親，教師が立ち往生している。不登校の小中学生が12万人を超え，長期化，年長化，低年齢化へとそのすそ野は広がっている。「心の病」から「どの子にも起こりうる現象」となり，いまでは「子どもの権利として認められるべき」と，不登校観は大きく変わってきた。「どうすれば不登校は"解消"できるのか」から「なぜ不登校はいけないのか」へと学校の存在そのものが問われるようになった。

こんな例がある。横浜市内に住むS君（7歳）は97年春，小学校の入学式で「起立，礼，着席」「国歌斉唱」という号令に驚いた。「もう学校には行かない」と訴えると，母親（33）は「じゃ，やめよう」とあっさり受け入れた。入学して一週間足らずのこと，「なにかおかしい，と居心地の悪さ

を訴えるこの子を支えたい」と母親は言い，S君は小学校から「実習用通学定期」をもらって一人で電車でフリースクールに通っている。S君は教科書を知らない。

　関西のある不登校児は毎朝，公共図書館に通っている。「いまは学校に行く時間ではないの？」と図書館で問われた時のために，学籍のある小学校から「自宅学習証」を発行してもらった。一生のうち学校に通うのは一時期だが，図書館は生涯を通じて利用できる施設だ。膨大な情報の海を生きていくには，図書館の活用法やその楽しさを知ることが学校以上に価値あることなのかもしれない。

　この報告を聞いた教育学の教員・研究者たちは，相当の違和感とショックを受けたのではないだろうか（筆者はこの集会には出席していないが，報告者の池田とはある接点を介して以前から知己の間柄にあった）。「不登校は豊かな社会の病理ではなく，社会が豊かになったことで子どもたちの『声なき声』が聞けるようになり，不登校がやっと可能になったと理解すべきなのかもしれない。いつ，何を，どのように学ぶのかはまさに本人の思想，信条の根幹にかかわる問題ともいえる」と述べて，池田はこの報告を結んでいる。

　子どもの学びはさまざまであってよいのではないか，というかつてはラディカルであった発想も，いまでは不登校の子どもたちが通うフリースクールの在り方を議論する超党派の議員連盟が生まれ，学校以外の場での学びを支援する議員立法の骨子をまとめるところまで来ている。フリースクールなどでの学びを義務教育の制度内に位置づけることの可否も論議されているという（『朝日新聞』2016.2.13）。

不登校の「制度化」は，不登校の子どもの学ぶ権利を奪うことになるのでは，という批判もあり，この課題の展開にはなお検討の余地を多く残すが，学校に居場所を見いだせない子どもにとって，図書館がもう一つの「学校」であり，図書館を使いこなすことは，その子の生涯にとって「学校以上に価値あること」かもしれないという1990年代末の池田の指摘は，図書館をよく理解するジャーナリストならではの先駆的な知見といってよい。

　ひところ「保健室登校」ということが注目を集め，学園ものドラマの舞台に取り上げられることもよくみられた。同様に，「図書室登校」の事例も決して珍しくはないことが学校司書の幾人もから語られている。先に紹介した高校司書の八木の実践（p. 20）もそれに通じるところがあろう。教室にいづらい子どもに寄り添い，コミュニケーションを交わすことで，子どもが学校図書館で心を開き，自らの「学び」を発見する様子を表現したものであるが，それを図書館の使命や機能に照らしてより積極的に捉えていけば，「もう一つの学校」としての図書館が展望できよう。学校の中の図書館＝学校図書館に内在する力（可能性）をそういう視点から明らかにしたいというのが「学校図書館の教育力」という本書のねらいである。

4.3 学校図書館の教育力

　先に複数の教育学研究者との共同研究を通して得た所産の一つとして，『教育を変える学校図書館』（風間書房）を刊行した。その際，筆者が初めて文章化した「学校図書館の教育力」

の項で,次のような内容を提起した。

1 知的好奇心を刺激する多様な学習資源の選択可能性
　　―個が自由に選択する学習内容の重視と広がり
2 体系的,組織的なコレクションの存在
　　―学びの系統性の自覚と,未知のこと,知るべきことの多いことの発見
3 個別の要求,ニーズに即したサービスとしての相談・援助の仕組み
　　―図書館の専門スタッフによって提供されるサービスに込められた教育性
4 どこまでも所要のものを探求できる組織性(ネットワーク)の具備
　　―知の世界の連環と探求の可能性を裏付ける図書館ネットワークの力
5 資料・情報のコントロール,再構成,そして発信
　　―ニーズにそった付加価値を生みだし,共有から創造・交流・発信へ
6 知的自由,プライバシーの尊重
　　―学校が一般的に備える価値観,文化との乖離も生まれがちだが,学校文化の覚醒にも?
7 学び方,学ぶ力(リテラシー)を身に付けた生涯学習者の育成
　　―図書館を使いこなせる情報への主体的な生き方を生涯の生きる力に

本書の前半でも言及してきたし,これまでに「学校図書館

活動と図書館教育の相補関係」,「学校に図書館機能があることで」などのテーマで幾度も書いたり，話したりしてきたことと多分に重なりあう内容であるが，ここでは学校図書館が「教育」において備える独自な力，可能性という点に視点を置いて，その特性を整理・分析してみた。詳細は次章に譲るが，ここに掲げた7項目の構造，相互関係をあらかじめここでまとめておきたい。

(1) 学校図書館の教育力の考え方と構造

学校図書館の教育力は，学校に図書館があり，しかもそれが「学校図書館」であることによる教育力を問うことである。従って，それはまずは「図書館の教育力」をベースとし，それが学校教育の場にあることでどのような特性を備えているか，を考えることになる。

学校図書館の備える教育力は，三つの層からなると考えてよい（図4-1参照）。

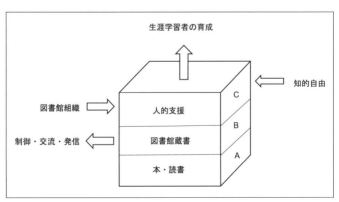

図4-1 学校図書館の教育力の構造

まず一番底の層（A）には，本による教育力，人が本を読むことで得られる教育的な作用がある。ここで「本」と言ったものには，紙に印刷し製本されたいわゆる書物だけではなく，新聞や雑誌はもちろん，その他多様な情報メディアを含めて，読む媒体すべてをひっくるめて対象とし，それを摂取する行為を「読書」と表現する。

　人は昔から，他者との直接コミュニケーションによって得られる世界を越えて，本を読むことによって，さまざまなことを学んできた。時間的，空間的な制約を越え，本を介して見知らぬ誰か（著者）と会話し，多くのことを学んでいる。これまでに書かれたおびただしい読書論は，それぞれに読書が人の成長や発達，学びにとって重要な意義をもつことを強調している。読書には他から読むように指示され，強いられて読むこともないわけではないが，その場合であっても基本的には読者自らが読まなければ「読めない」行為であり，非常に主体的で能動的な営みである。先の7項目でいえば1項を形成するのがこの層である。

　本や読書が図書館と深くかかわることは間違いないが，図書館は決して人の読書のすべてにかかわるものではないし，本や読書のもつ教育力がイコール「図書館の教育力」でないのは当然である。図書館の教育力を考える際に一番根っこの部分を構成するのが本や読書の備える教育力である。

　次の中間の層（B）を構成するのが，図書館蔵書（コレクション）のもつ教育力であり，7項目の2にそれを据えた。4,5も一部がそれを補強する関係にある。

　図書館の蔵書は規模の大小において非常な違いはあるものの，いずれも相当に多くの本の集積である。しかもそれはた

だ単に量的に多くが集まっているのではなく，膨大な出版物（表現）の中から，それぞれの図書館の設置目的，利用者のニーズなどに照らして選ばれた本の集積である。それは本の世界総体がもつ広がりからいえばごく限られた一部であるが，その図書館の利用者にとっては自らの関心度に近く，興味を惹かれる度合いの高いものであるはずである。そのうえ蔵書は一定のルールに従って組織化され，一つの体系をなしている。そのように選ばれ，体系的に組織化されたコレクションに接することで，図書館利用者（読者，学習者）は自己の学習ニーズを充足し，さらなる興味・関心を喚起されることになる。

この二つの層は，図書館を構成する重要な要素である資料の備える教育力であるが，なおそれだけでは読者に対して確かな作用をもたらす保障としては十分ではない。あくまで可能性として潜在するにとどまる。それをつなぐ力が3に掲げた図書館スタッフによる直接的なサービスであり，さまざまな働きかけの活動である。それが上部の層（C）の直接的な教育力になり，それがあってはじめて図書館の教育力となる。読者の興味・関心に応え，知的好奇心を刺激し，学びに誘引する可能性を潜在する本，そこからさらに選ばれた蔵書の備える教育力を，それを必要とする読者と確実に，タイムリーに出会えるよう結びつける専門スタッフのはたらきにより，図書館の教育力が発揮されることになる。

以上の三層を補強し，支える教育力として，4で図書館の機能の発揮に不可欠な図書館相互の組織的な連関＝図書館ネットワークをあげ，さらに5で図書館が既存の資料や情報を収集するだけではなく，それらを制御（コントロール）し，

再構成し，発信することで，個々の読者との関係において本の教育力の表れを個別化したり，相互形成の関係に導いたりする側面を強調している。

図書館のそうしたはたらきを支える原理に知的自由の尊重，遵守がある。人が自由に，自分の思いのままに本が読め，思考をめぐらせるためには，内面の自由が保障されることが欠かせないし，図書館の運営が公権力を含めてあらゆる規制や抑圧からフリーであることが決定的に重要である。「図書館の自由に関する宣言」にうたう知的自由を実践する図書館は，読者の自主的・主体的な学びを支える教育力に欠かせない土壌である。

最後に掲げた 7 は，以上の 6 項目がよく活かされることで，図書館が総体として人の学びにおいてもつ意味を「生涯学習者を育む」と表現した。ヒトが人間らしく生きる基礎的な力を培う図書館の教育力のもたらすゴールを，そこに確認しておきたい[2]。人の成長・発達の助長を使命とする学校教育の場の図書館が備える教育力としては，このことをとりわけ強調しておくことが重要であろう。

(2) この提起はどのように迎えられたか

こうした思いで提起した「学校図書館の教育力」は，学校にどうして学校図書館が必要なのか，学校に図書館の機能があることで，いかに学校教育が充実したものとなり得るか，に見通しをもちたいと考える人々に，それなりの手がかりをもっていただけたように思う。学校の専門職員としての立脚点を求める学校司書や，地域で学校図書館の整備を通して学校教育の充実を願う各地の「考える会」から講演のテーマと

して求められることが少なからず続いた[3]。

　学校司書の学習会の中で活用してもらった一例として、「学校図書館を考える会・近畿」が2009年8月から翌年2月まで実施した連続学習会の資料として行った「学校図書館の教育力を考える」アンケート調査がある。調査は、会員である小・中・高校の学校司書を対象に、7項目のそれぞれについて、各自が実践し、具現化できていると思える内容を取り出し、文章化する、という方法で行われ、それを集約して学校司書のはたらきを明確にする論議の素材としたものである。回答者各人が「教育力」という視点から日常の図書館サービスを見直すきっかけとなり、学校図書館の専門職員の職務内容を明らかにする作業ともなった、日常業務を点検する指標を得た、等の成果が報告されている。その一端は、第31回学図研全国大会の分科会でも箕面市の学校司書によって紹介されている。

　代表の北村幸子が整理したアンケート調査の集計結果は、参考資料として本書の末尾に収録している。提起者の立場からみて、なるほどと思うものや、新たな知見を得るもの、逆にいくらか違和感を抱くものもないではないが、論議のプロセスを示す資料として貴重であり、参考になろうかと思う[4]。

注
1) 池田知隆「子供たちのシグナルをどう受けとめるか－不登校と『倫理』をめぐって」『教育学研究』67巻1号（特集・日本教育学会第58回大会報告）　2000年3月　p.68-70
2) アメリカ図書館協会がまとめた「アメリカ社会に役立つ図書館の12か条」の第5項「図書館は創造性を育てます」の解説に、『華

氏451度』の著者として知られるレイ・ブラッドベリの次のような表現が紹介されている。

　もし図書館を使うことが学習の最終目標でないのならば，学校に行くのは無益だ。

（竹内悊編訳『図書館のめざすもの』新版　日本図書館協会　2014年　p.27）

3）「学校図書館の教育力」を取り上げて行った講演の記録で，よくまとめていただいているものに，次のものがある。

　『学校図書館の教育力』（塩見昇氏講演会記録集）　学校図書館を考える会・静岡　2014年3月　（2016年3月に増補改訂版刊行　40p）

　『学びを支える学校図書館とは』学校図書館を考える会・高知（発足一周年記念講演）2011年1月　73p

　「学校図書館の意義と機能－教育の変革に資するその『教育力』の考察」学校図書館を考える会・近畿『学んだ，広げた，「学校図書館」－考える会・近畿20年』2012年10月　p.21-27

4）北村幸子「アンケート調査から『学校図書館の教育力』を考える」『学んだ，広げた，「学校図書館」』学校図書館を考える会・近畿　2012年10月　p.28-34

　田中瑞穂「『学校図書館の教育力』の視点を生かした中学校図書館づくり」『がくと』31号　2015年12月　p.55-57　＊第31回学図研全国大会の分科会記録

5章 教育力の7項目を個別にみる

5.1 多様な学習資源の選択可能性

　この項では，本と読書が備える教育力と，読者（学習者）が自分の意志で自由に選び，読みの世界を広げていけることの重要性に注目している。

　人は昔から，自分の直接体験で得られる知見の限界を越える世界については，他者の言葉，言葉が紡ぐ本を読むことを通してさまざまなことを学んできた。『徒然草』のよく知られる次の一節は，そのことを端的に語っている。

　　ひとり灯のもとで文をひろげ，まだ見ぬ世の人と語り合うのはこよなく慰むわざなる……（第一三段）

　本を読むことは，綴られた文を通して，それを著した他者と交わす対話である。「まだ見ぬ世の人」と表現されているように，はるかな時と距離的な隔たりを越えて，誰とでも対話し，未知の世界を知ったり，新たな知見を得たりし，楽しみ，学んだりすることができる。これはヒトにしかなし得ない営みであり，人間としての成長・発達，社会の形成と進展にかかわる最も基本的な学びの一方法とされてきた。

　古今東西，本や読書について述べた多くの言説には，着想

や表現の違いはあっても、それぞれにその意義や重要性が語られており、示唆を得ることができる。思いつくままにそのいくつかを摘出しておこう。

　○読書は思索の代用品に過ぎない。読書は他人に思想誘導の務めをゆだねる。……読書は自分の頭ではなく、他人の頭で考えることである。
　　（ショウペンハウエル『読書について』）
　○いかに有益な本といえども、その価値の半分は読者がつくる。（ヴォルテール）
　○わたしは書物はきらいだ。書物は知りもしないことについて語ることを教えるだけだ。（ルソー『エミール』）
　○書物は経験の代用物としては有害なものであるが、経験を解釈し、拡張するうえにおいてはこの上もなく重要なものである。（デューイ『学校と社会』）
　○読書三到（朱熹）
　○読書百遍意自ら通ず（魏略）
　○行間を読む（芦田恵之助）

　逆説的な表現も含めて、人が読むことから得られるものの大事さ、いかに読むべきか、がこもごもに語られており、興味深い。
　本は一冊一冊がそれぞれ異なる内容を備えており、それを手にする人との関係において独自な意味をもつ。ある人が面白いと思った本が、ほかの人にはそれほど興味をひかないというのはさして珍しいことではない。読者の興味や関心、これまでに得た経験や認識によって、同じ一冊の本も違った読

み方をされるし,異なるインパクトをもたらす。まさに本から得られるものの「半分は読者によってつくられる」というのは至言である。先に引いた先人のことばにも共通して,それぞれに読者の側からの働きかけ,読者の主体性が重要であり,大きいことが示唆されている。

そういう本を読まない,読めない子どもの問題が「読書離れ」として語られてきた。子どもと本の出会いの場に長年携わってきた松岡享子(東京子ども図書館)が,1970年代に子どもの本の読み方に変化が起きた,と自分の体験から述べている。

　　当時うちでやっていた家庭文庫で,ほんの数年前には,「面白かった!」といって本を返しにきた子どもが,だまって返すようになったり,続きがあると教えても借りなくなったり,読んだ本のことをすぐ忘れたり……,お話のじかんでも,以前は大笑いしたお話をそれほど喜ばなくなったり,語るわたしの目を見なくなったりと,短いあいだに子どもの反応が変わって,わたしはものすごくショックでした[1]。

松岡はこの後で,子どもの生活全般にわたる急激な変化で子どもが言葉を身につける過程に変化が起き,子どもの言葉の力が弱くなったことによるのだろう,と指摘している。

子どもの生活総体の中で本が読まれ,楽しまれて,生き生きとした力を発揮できるために何が必要か,を探るとき,思い起こす筆者自身の子ども時代の経験を披露しておこう。振り返ってみると筆者が図書館というものに初めてかかわりを

もった原初的な体験でもあり、感慨深い。

ことはずいぶん昔のことになるが、1948年、京都市の小学校における児童会での出来事で、先に私家版の『半世紀、図書館を生きる』（2007年）を綴った際に一度文章化しているので、それを以下に再掲する。

　小学校の6年生で、私は児童会の文化部長だった（戦後教育の特徴として、児童の「自治」活動が大いに賞揚された時代である）。講堂に全校児童が集まる集会で、私は壇上から次のような提案をしている。「みんなが5円（？）ずつ小遣いを持ち寄って、それで本を買い、裁縫室（畳敷きの大部屋で、いつもひっそりしていた印象が強い）に集めて図書室（とまで言ったかどうかは？）をこしらえてはどうか」という内容である。

　当時は講談社の『世界名作全集』や『少年倶楽部』『少年』など、ごく限られた児童読み物をみんなが回し読みをしながらよく読んでいた。読むものに飢えていた。もっと本を読みたい、本がほしい、という気持ちが強かったのは間違いない。しかし、こういう「図書室づくり」をどこから思いついたのかはまったく分からない。誰かと相談した記憶もない。こんなおおそれたことを部長の一存で言い出すというのも奇妙なことだが、「図書室をつくろう」といった趣旨の提案を児童集会でしたのは確かである。

　残念ながらその顛末はだらしなかった。児童会担当の先生から、「子どもがお金を学校に持ってくるなんて、勝手に言い出してはいかん」と注意され、それで終わってしまった。その程度の「自治」の奨励だったのだと思う。卒業す

るまでこの学校（京都市立乾小学校）に図書室はなかった。

この提案がもし実現していたら，戦後教育史，学校図書館史に残る「フランクリン」小学生版の偉業だったのに，とはずっと後にゼミの学生に話したこともある。振り返ると，これが私の図書館人生の原点であるようにも思える。

戦後初期の早い時期，子どもの暮らしは貧しかった。貧しさの中で，しかし，子どもは自分たちでいろいろ工夫をし，使えるものを使ってよく遊んだ。その遊びにおいて共有されたのが，当時まだ非常に乏しかった子どもの本，読みものだった。一人がもっている世界名作全集の一冊，少年雑誌を遊び仲間が回し読みするのが普通だった。本は仲間をつなぐ大事な共通基盤をなしていた。もっと本がほしい，読みたいという飢餓感も強かったに違いない。

それがどうして図書館（図書室）をつくろう，になったのか？　そこが実はどうもよくわからない。具体的な「図書館」のイメージなどまったくもっていなかった（およそ図書館というものを見たこともなかった！）当時に，読みたい本がたくさんあるところを学校の中に，自分たちでつくろう，と発想したことに驚きを禁じ得ないが，それだけ当時の子どもたちの日常の中で本を渇望していたのだろうし，それはみんなの共感できる願いであったのだろう，と思う。

そういう時代にあっては，「読書離れ」など存在しないし，読書の奨励とか，読書推進などということを誰も思いはしなかった。あるとすれば，子どもたちが本とたっぷり出会えるような環境の整備である。

こうした本をたくさん集めて公開し，誰もが手にし，読め

るようにする社会的な仕組みが図書館（少なくとも近代以降の）である。

　図書館で出会う読書の大きな特徴は，自由に，自分のペースで，どれでも取り出して読めること，である。子どもたちが本に求めるのは，授業で触発された興味や関心，疑問を解きあかすため，あるいはもっと詳しく知りたい，ということもあろうし，読んだ本に刺激されての知的好奇心もあろう。もっとよく遊びたい，草野球で上手になりたい，という願いもある。仲間の〇〇が読んでいるから，というのも一つのきっかけだろう。テレビが普及し，ゲーム機器が氾濫する以前は，子どもたちが楽しめる心の遊びは本に求めるほかなかった。その中で松岡がいう「ことば」も育まれ，人と人をつなぐ子どもの成長の重要な基礎を培っていた。

　そういう本を介した読書という行為には，カリキュラムに沿って系統的に学ぶ世界とは違った自分でつくる学びがある。「もう一つの学校」といっても過言でなかろう。校内にそういう場をもつことで，学校は子どもたちの学びを大きく広げることになる。授業で学んだことを主体的に深め，発展させるとともに，授業に臨む学習意欲を高めることにもなる。

　図書館は機会の平等と自由な選択可能性，新たな知るべき何かとの出会いの可能性を豊富に内在した存在であり，それは主体的な学びの成り立つ基本要件である。受け身が前提になりがちな学校という子どもの生活空間にあって，本と出会い，読書を支える学校図書館は，子どもが自らの意思で拓いていく学びの場であり，学校文化を広げるものと言ってもよい。学校図書館法が学校教育にとって図書館は「欠くことのできない基礎的な設備」（第1条）と表現する意味を，そこま

でふくらませて捉えたい。

5.2 体系的, 組織的なコレクションの存在

　図書館には世の中にあるすべての本が存在するわけではない。そういうことは物理的にも財政的にもあり得ないし、それを志向する必要もないことである。そこに図書館の設置目的と選書という要素がかかわる（国内では唯一例外として国立国会図書館があり、そこでは法に基づく納本制度により、国内でつくられるすべての出版物を、国民の共有する文化財として収集する責務が規定されている）。

　国内で市販される新刊図書は年間約 8 万点を超える。児童書に限ってもおよそ 5,100 点ある（『出版年鑑』2015 年版）。図書館ではその中から、それぞれの図書館の設置目的、主要に想定される利用者のニーズに即し、所持する資料購入予算の枠を考慮して選択・購入する。利用者にとって図書館の魅力の最大は、そこに自分が必要とする、あるいは自分に強いインパクトを与えてくれるような本があるかどうかだと考えると、この選書という作業は図書館業務の中でもとりわけ重要な仕事である。

　図書館が行う選書についての古典的で重要な視点として、「図書館と知的自由」の観点から論じたレスター・アシャイムの「検閲ではなく、選択を」(Not Censorship, but Selection) という論文がある[2]。

　選択と検閲との間の区別は基準の適用のしかたの違いにあるとするアシャイムは、「選択者にとって重要なことは、その図書を保持する理由を見いだすこと」であり、一方、「検閲者

にとって重要なのは，図書を拒否する理由を探しだすこと」だという。そのために「検閲者は必然的に図書を全体としてではなく，個々の部分で判断しようとする」，それは，「選択が読者の権利を保護しようとするのに対し，検閲が保護しようとするのは読者の権利ではなく，読むことから受ける読者自身」であるからだ，と述べている。

　読者を好ましくない本によって影響されないように守ろうとすると，本の「瑕疵」を見つけることに関心が向かう。読者の知性に信を置き，読者の読む自由，読む権利を大事にしようとすれば，図書館にあってはいけない本というのは基本的に存在しないことになる。しかし，限られた購入予算の制約を考えれば，自ずとその図書館にとっての備えるべき優先度によって購入の是非を仕分けせざるを得ない。そこで必要性，有用性の高いものから選ぶことになるが，その際，新たに蔵書に加えるべき理由を見いだすのが選択者のなすべきことであって，排除する根拠を見つけようとするのは検閲者の所作だというのがアシャイムの主張である。

　本は本来，一冊一冊が個性的な存在であり，それぞれが他とは違う何かを備えている。ある人にとっては不快で，あってほしくない，つまらないと思える本もあるかもしれないし，部分的にみると誤りがあったり，好ましくない表現，誰かを傷つけるような内容もあるかもしれない。しかし，そういう「瑕疵」を見つけることで，それを根拠にその本を排除することは検閲であり，図書館の選書が採るべき視点ではない。そうした問題点はありつつも，その一冊を既存の蔵書に加えることで，蔵書が全体としていかにふくらみ，どう有益なものとなるか，に着眼すべきだというのがアシャイムの指摘であ

る。図書館というものを考える基点として，この視点を大事にしたい。

　ここでは，一冊の本を選ぶことは，その本の価値，有用性をみるだけでなく，蔵書総体の中にその一冊を加えることの積極的な意味をみようとする視点が重要である。図書館の蔵書（コレクション）は，ただ単に数が多いというだけでなく，全体がその図書館ならではの一つの体系的なまとまりを創り出しているところに特徴がある。

　図書館の書架上に並べられたコレクションは，体系的，組織的なある秩序を形成している。一つの主題について初歩的，入門的なものからより詳しいもの，専門的なものまで，あるいは概説書，研究書，参考図書があり，ある主張に対してはそれへの批判や反論，対立する主題をめぐっては双方の主張が揃ってみられることが重要である。一つの原典について注釈，翻訳，評論，著者についての研究書や評伝など，関連のある著作が体系的に収集され，同じ個所に配架されることで，読者はひとつながりのものとして目配りができる。主題や表現形式による分類がそうした組織化を支えている。そうしたひとかたまり同士の主題の相互関係にも分類は生かされており，関連性の強い主題は近接して，遠い主題は離れて配架される。索引技術を駆使すると，本の表紙，標題からはうかがいしれない内容にアクセスし，関連資料の体系づけも得られる。

　こうした組織化の技術によって，よく選ばれて構成されたコレクションは，それ自体がまとまりのある壮大な学習資源であり，学ぶべき世界への招きとなっている。

　19世紀の初めに，マサチュセッツ州の教育長として，アメ

リカ公教育の制度化に尽力し,「公教育の父」と呼ばれているホレース・マンが,公立学校に図書館を設けることで税によってまかなわれる公立図書館の先駆け(学校区図書館)を拓くことにも貢献したことが知られている。そのマンが,図書館の蔵書は人を謙虚にする,として次のように図書館(蔵書)の備える意義について述べている[3]。

　すぐれた学校区図書館によって,学校の能力は拡大されよう。若い人たちに対すると同様,年配者に対しても学校は,彼らを啓発する影響を及ぼすことになろう。……たとえ教室で教科書をすべて習得し終えたとしても,図書館の書物をすべてマスターしないうちは,学校に入りきらないほど大きくはなっていないのである。(中略)
　図書館は学校の子どもたち,地域の住民に対して,彼らが一冊の本を読む以前に,いやたとえ一冊も読むことにならなくても,ある効果を生み出すことになろう。……最も無知なものは,最もうぬぼれ屋である。もし人が,自分の知らねばならないことがほかにいろいろあるということを知らなければ,彼は自分がすべてを知っていると思い込んでしまう。(中略)
　図書館は,たとえ読まれる以前であっても,人々にもっと知るべき何かがあることを教えることになるだろう。

学校に付設される図書館が,学校を終えた人々の利用に供されることで,私たちにはまだまだ知るべきこと,学ぶべきことがたくさんあることを感じさせる,その意味で図書館蔵書は人を謙虚にする,というマンの着想は,学校教育とその

写真でみる学校図書館の教育力 その1 資料とサイン
(上：図書館外の展示，中：書架サイン，下：雑誌の配架)

後に継続する学び、現代の言葉で言えば「生涯学習」に通じる営為の意義とそのための条件整備を200年近くも昔に提起した慧眼であったと言えよう。当然それは学校に通う子どもたちにとっても有意義な環境であり、教科の学習等を通じて学んだことを基に、自分のペースで学びを主体的に拓いていける力を育む存在である。

そういう環境をどう活かすかは、まったく子ども本人の自主的、主体的な判断であり、選択である。決まった系統（カリキュラム）があるわけではなく、自分の興味・関心に沿って自在に展開できる。自分の興味のある主題については、いわゆるその年代に向けた本にとどまらず、相当に難しい本でもどんどん読める、というのは珍しいことではない。そこには自分でつくる学びの系統があり、個性的な学習過程が創られることが重要である。学校図書館蔵書はそういう学びの先行きを大きく開いてみせてくれる導火として、貴重な存在である。

5.3 サービスとしての相談・援助の仕組み

よく選ばれ、構成された図書館のコレクションが備える教育力をみてきたが、ではそれが図書館か、といえば、決してそうではない。図書館の蔵書は読者（利用者）によって運命が開かれる、図書は書棚から「私の運命を開いてほしい」と呼びかけている、だが本は自ら読者の懐に飛び込んでいくことはできない、という文学的な表現で、図書館蔵書の運命の開き手の重要性について指摘したのはランガナタンである。

すでに制度化されて半世紀を越える日本の学校図書館であ

写真でみる学校図書館の教育力　その2　司書の力
(上:レファレンスの応対，中:百科事典の使い方，下:ブックトーク)

るが，長年にわたって学校図書館，とりわけ小・中学校の図書館ではこのサービスの担い手が不在，もしくは著しく不備であったため，「図書館」としての機能が果たせず，「図書室」にとどまってきたことについては先に詳述したところである。図書館には本，よく選ばれた蔵書とともにそれを運用し，読者に提供するサービスの担い手である図書館職員が不可欠である。

そのスタッフによって供与されるはたらきが，学校図書館の三つめの教育力である。

図書館の提供するサービスは，目の前の利用者に直接対応する直接サービスと，それを支えるいわば裏方ともいうべき間接サービスからなる。後者は，多くの出版物の中から蔵書に加えるための図書等を評価，選択し，購入手続きを経て書架に並べるための整理を行い，使いやすいように配架し，利用案内などを整備する，等の作業である。利用者からの求めに先行する，それに備えての仕事であり，直接サービスの充実にとって重要な仕事であるが，ここでは直接サービスに主として目を向けることにしたい。

学校図書館を訪れる利用者は，それが児童生徒であれ教師であれ，明確な目的意識をもっている場合もあれば，何か面白そうなものはないか，暇な時間ができたから，雨でグラウンドに出られないから，ということもある。その状況に応じて，利用者が充足感を味わえるよう，図書館スタッフが適切な対応をする。「○○という本はありますか」，「○○について調べたいのだが」，「○○のことを図解した資料を探している」，などなど，図書館にはさまざまな求めや相談が寄せられる。それに対して，「資料を知り，利用者を知り，資料と利用

者を結びつける知識や技能を備えた」専門家として，図書館スタッフが応対するのが日常の図書館サービスの最前線である。

　図書館業務としては資料案内，資料相談，参考業務（レファレンスワーク）と呼ばれるもので，スタッフの資料や自館の蔵書についての蓄積された知識，資料・情報検索の技能，利用者理解と求めの背景をなすであろう学校の現況などについての認識が問われる活動である。この応対や一緒に書架をめぐるフロアワークの過程で，図書館の使い方や資料・情報の検索法の助言・指導，関連資料への橋渡しがきめ細かくなされ，それが学びへの誘いや励ましとなるのも学校図書館におけるサービスの特徴であり，学校図書館の教育力が発揮される最も中核的な場面である。

　そういう学校図書館スタッフ（学校司書）の一日の仕事のすべてを克明に書き綴った記録を，少し長くなるが，次に紹介しよう。筆者が先に編んだ『図書館学教育資料集成』の一巻『学校教育と学校図書館』(教育史料出版会)に，学校図書館職員のはたらきについての学習の素材として，当時大阪府の箕面市立西南小学校の図書館に勤務していた，学校司書としてのキャリアの厚い高木享子さんに依頼してまとめてもらったものである。

学校司書の一日（高木享子）

4月□日
7：50
　・開館準備。コンピュータを立ち上げ，管理用ソフトを開く。

- 窓を開け，植物に水をやり，新聞を綴じる。
- 他校に依頼していた6年生の平和学習資料が前日に届いていたので，コンピュータ上で相互貸借処理をして，学年用ブックトラックに置く。

8：00
- 今日は市立図書館から本が届く日。返却する本を準備。
- 「予約の本が届きました」という手紙を書いていると，毎朝来る常連さんたちが，一人二人と来館し，本を読み始める。「おはよう！」と一人ひとりに声をかける。予約の本を取りに来た子や本を借りる子，「予約している本，あと何番目？」と聞きにくる子などへの対応に忙しくなる。
- 返却の際，予約表示の出た本はカウンター下の箱に入れる。
- 今日の担当の図書委員が三々五々来る。
- 6年生が「倉敷について載っている本ありますか？」と尋ねてきた。修学旅行に向けて倉敷の町の施設などを調べているグループで，調べに来るのはこれで2回目。なかなか思うような資料がない様子。カウンターを図書委員に頼んで一緒に書架へ。『情報図鑑』（福音館書店）の県別索引を教えたり，岡山県の観光案内パンフレットや『平和博物館・戦争資料館ガイドブック』（歴史教育者協議会／編）などを薦める。

8：25（職員朝会）
- チャイムとともに，子どもたちは教室へ戻る。誰も残っていないのを確かめてから職員室へ急ぐ。
- 職員朝会後，依頼されていた絵本5冊をU先生に手渡す。
- 「国語辞典を児童数分借りに行きます」とH先生。
- 図書館に戻りメールチェック。R中学校から「仕事」に関する本の依頼がきていた。この資料を使う学習はどの学年も予定

していないことを「学年だより」で確認。送ることを伝える。
- R中学校へ送る本をコンピュータ上で相互貸借処理をする。荷造りをし，職員室の連絡箱に入れに行く。

8：50（1限目）
- 予約申し込み用紙回収。予約の申し込みがあった本をコンピュータで調べ，貸出中の本には予約入力する。
- 途中でH先生が子どもたちと共に国語辞典36冊を借りに来館。
- 5年生のオリエンテーションで紹介した本に思わぬ反響があり予約が数名ついたので，複本で用意するため，他校の所蔵状況をコンピュータで検索。3校へ資料依頼をする。
- 2限目のクラスのオリエンテーションの準備をする。

9：40（2限目）
【図書の時間　1年1組】オリエンテーション
- 入学して3週間目。初めての図書の時間。
- 1回目の今日は，『三びきのやぎのがらがらどん』（マーシャ・ブラウン）のお話組み木（おはなしに登場するものが木で作られており，それを使っておはなしを進める）をした後，「本の扱い方」について話す。次回は本の借り方を話す予定。

10：25（30分休憩）
- 「先生，本読んで！」と2年男子がやってきた。この子は，最近学校に来るのを嫌がる傾向があり，担任，保健の先生ともども気にしている子。カウンターを図書委員に頼んで二人で絵本を読む。
- そこへ「カエルの育て方の本ある？」と2年男子数名がカエルを入れたケースを持って寄ってきた。本読みを中断して「生き物の育て方」の棚に連れて行き，一緒に本をあたる。育て方の本以外にも『ずらーりカエル　ならべてみると……』

（松橋利光）を見せ、「いろんなカエルがのっているよ」というと、実物と見比べてひとしきりカエルの名前を調べていた。また、本の続きを読む。途中、予約の本をとりに来た子に本を渡すなど何度か中断されたが、最後まで読み終えた。その子は「また来るね」と帰っていった。
・市立図書館の職員の方が本を持って来館。返却する本を渡す。

10：55（3限目）
・チャイムが鳴り、子どもたちは教室へ。予約申込み用紙回収。予約本が戻って来た子へ手紙を書いていると、2年生来館。

【図書の時間　2年2組】
・『アンディとらいおん』（ドーハティ）を読む。「その本貸して」と一人が言うと、「ぼくも」「わたしも」と数名集まる。今日借りる子を決め、その他の子どもたちは予約をする。
・本の返却。授業終了10分前に貸出。
・「ページが取れそう‥」と女子が本を持ってくる。修理し、本を渡す。修理も図書館でのありふれた1コマである。

11：45（4限目）
【図書の時間　3年2組】
・まず隣の「調べ学習室」に案内する。便宜上「調べ学習室」と呼んでいるが、0類から6類までの資料（一部は隣室に配架）と国語辞典・漢和辞典（複本）が配架されている。
・3年生になると国語辞典の使い方や「昔の暮らし」の学習でこの部屋にある本も使うので、どんな種類の本があるのかを説明し、自由に借りることができることを伝えた。
・本の返却（図書係もクラスで借りていた本を返却）と貸出。
・さっそく「調べ学習室」に行って本を探す子どももいた。

12：30

- 4限目終了後,6年の先生来館。「どちらがヨモギかな?」と2種類の葉を持参。校内で子どもたちと見つけたのでヨモギだんごを作りたいのだが,本当にヨモギかどうかを調べたいとのこと。二人で数冊の図鑑を調べる。どちらもヨモギで,葉の大きいほうは「オトコヨモギ」という種類だということがわかった。子どもたちに説明するために『野草図鑑④』(保育社)を借りていかれた。

12:45(給食)
- 担任をもたない教職員と共に職員室で食事をするのだが,今日はすでに準備が終わっていた。食事を済ませ食器類を給食室にもどしてから図書館に戻る。

13:15(昼休み)
- メールチェック。他校の司書との連絡や資料依頼,レファレンス依頼等はほとんどメールでおこなっている。

13:25(掃除時間)
- 予約入力をしていると,掃除当番の子どもたちがやってきた。掃除の後,配架と本棚の整理。修理が必要な本を抜き出す。

13:45(5限目)
- 保健の先生が資料調べに来館。今年異動してこられた先生なので,書架案内と排列の説明をしながら一緒に探す。8冊貸出。
- 子どもたちが予約した本で自校にないものを市立図書館のインターネット蔵書検索の画面で調べ,予約入力。
- 子ども向け図書館だよりの作成。数日前から取りかかっているが,集中して作成する時間がないのでなかなか進まない。
- 6限目のクラスがやってきたので,またしても中断。

14:35(6限目)
【図書の時間 5年3組】

- ・今月は「学校」がでてくる話を展示しているので,展示コーナーの紹介と絵本読み(1冊)と本の紹介(2冊)。
- ・本の返却と貸出。

15:30(放課後)
- ・予約の本を取りに子どもが2名来館。
- ・6年女子はここで友達と待ち合わせとのこと。45分から会議があるので閉館することを伝える。
- ・4年男子が教室で使いたいと国語辞典を借りに来た。図書館が閉まっていたら返却ボックスに入れるようにと伝える。

15:45
【研究部会議】
- ・図書館部も研究部に所属しているので司書教諭と共に出席。今年度の研究授業の持ち方について検討。
- ・研究部会議終了後,図書館へ戻りメールをチェック。
- ・作成途中の図書館だよりを家で完成させるために,原稿をメールで自宅に送る。

17:15
- ・コンピュータを終了させ,戸締りの確認をして帰宅。

(筆者は,大阪府箕面市立西南小学校司書)

(出典:塩見昇編著『学校教育と学校図書館』教育史料出版会,2012)

　ほとんどが「ひとり職場」である学校司書の一日が,あわただしく大変な仕事であることがよくうかがえる。校内の教職員,児童生徒からの深い信頼感がなければとても生まれ得ない応対であることは明らかだ。その随所に学校職員としての教育作用がみられることに,さほどの注釈は不要であろう。

借りた本を返しにきた子どもが,「この本面白かった」と言えば,「じゃ,これを書いた人はこんな本も書いてるよ」と別の本を紹介したり,「この本を読んだあなただったら,きっとこういう本にも興味があるんじゃないかな」と関連の幾冊かを差し出す,事典や図鑑の調べ方で苦労している子に目次や索引の使い方を説明する,教員から授業の構想を聞いて,それに役立ちそうな資料を探したり,時には一緒に教材づくりをする,求めがあればチームティーチングとして教師とともに授業に参加もする,といった営みは,教科書を教材に知識や技能を直接に教授,指導する教師の活動と同一ではないが,規制力や成績評価を伴わない教育のはたらきであることに疑問はなかろう。

　いま学校教育をめぐって,学校には教員だけでなく,さまざまな専門家による協働が必要だ,という考え方が強くなっている。当然のことであろう。2015年12月の中教審答申「チームとしての学校の在り方と今後の改善方策について」が,いじめ,不登校などの生徒指導上の課題や障害のある子,貧困や虐待など福祉分野の支援が求められる課題など,多様化・複雑化する子どもの状況への対応に迫られる学校において,多様な専門スタッフが子どもの指導にかかわることで,教員だけが子どもを指導するこれまでの学校文化を転換していこうという提起をしている。「学校における協働の文化」「組織文化」の課題という観点が中教審で語られるのは珍しく,貴重である。その流れの中で,学校司書の配置についても言及している。学校文化の問題として,多様な教育力に注目するこの視点は評価してよいと思う。

5.4 図書館ネットワーク　組織性の具備

　図書館という事業や業務には組織性，組織的な連関で成り立つという大きな特徴がある。そして，それが図書館の教育力の大きな要素となっている。

　日々新たに生み出される膨大な出版物，あふれる情報の中から必要性の高いと判断されるものを選び取って収集し，主題や形式にそって整理し，使いやすいように配架し，必要なものを素早く取り出せるような手立て（目録や索引の整備）を整え，多様な利用者の求めに確実に応じられる体制を備えるという一連の図書館業務は，まさに組織化という表現にこそなじむ。

　そういう個別の図書館が，一つひとつ個々バラバラに活動するだけではなく，相互に協力・連携の組織を整備し，そのつながりを常に意識して日常のサービス活動にあたるというのが図書館事業である。国内に限ってみても，現にさまざまな図書館ネットワークが形成され，図書館活動を支えている。

　「館種」と呼ばれる図書館のタイプ別の協力組織として，公共（公立）図書館，大学図書館，専門図書館，学校図書館ごとに，その強弱はあるが，所蔵資料を共有して使えるための仕組み（総合目録，横断検索，資料搬送手段など）を整備している。県域や同一自治体内といった地域ごとの連携組織もある。全国レベルでみれば，国立国会図書館を要とする資料利用の体制，国立情報学研究所を核とする学術情報システムを活用するネットワークがあり，図書館の世界総体が大きな一つの組織をなしているといって過言でない。

　一つひとつはごく小さな図書館であらざるを得ない学校図

書館であるが，学校図書館もまたこの大きな図書館組織の一端に属し，一体的な運用に何ほどかの役割を果たすことが，ユネスコの学校図書館宣言においても，「学校図書館は，地方，地域および全国的な図書館・情報ネットワークを構成する重要な一員である」とうたわれ，そのように実態を強めることが期待されている。

　学校図書館（公立）の連携としては，まずは近隣の学校相互の協力があり，同一自治体内の学校図書館が教育研究会の図書館部といった組織をつくり，資料の相互利用や研究協議の機会をもつのが普通である。あわせて，その自治体の公立図書館，あるいは県立図書館に学校では応じきれない資料や調べごとの支援を求める等の関係が日常的になされているはずである（先の高木レポート参照）。そうした組織を活用することで，小さな学校図書館の窓口も，広大な全国図書館ネットワークを背後に備えた図書館サービスの展開が可能となる。もちろん積極的に門をたたけば，近隣の大学図書館や専門図書館（情報センター）の所蔵する専門的な資料・情報へのアクセスも可能である。こうした広がりをイメージできることが，図書館の教育力に実感と信頼感をもたらすことになる。

　具体的な事例でみてみよう。ずいぶん以前の例だが，1970年代に大阪府立高校の図書部の活動として，『情報源』という冊子が共同作業で作成されていた。大阪府内の公共図書館をはじめ公開性のある大学，研究所，新聞社や企業などの専門図書館（情報センター）等を手分けして調査し，名称，所在地，所蔵資料の特徴，利用方法などを記載した情報提供機関のディレクトリーで，充実した内容だった。改訂版が出ていたので，何年かごとに手直しをする継続した活動であったと

思われる。まだこの種の資料があまり出回っていなかった時期に、高校の図書部の共同作業としてこうしたものが作成されていたのは、外部の機関を活用した図書館サービスや、利用者へのガイドを積極的に志向したものだったかと思う。

現在では、ネット検索などで各種の情報提供機関の詳細を知ることはよほど容易になっているが、学校図書館のスタッフがふだんから協力・支援が得られそうなどんな機関が、どこにあるか、どのような利用が可能かを実地に確かめ、共有の知識として蓄積しておくことは、ネットワークを活かすうえで重要なことである。そういうツールを作成する過程そのものがメンバー同士の大事な学習になっている。

利用者の調べごとの相談に対して適当な資料がない場合、こうした外部の機関に協力を依頼して、資料を借用するレファレンスサービスのほか、利用者に自分で訪れる機関を紹介することが有効なこともあり、それをレフェラルサービス(情報源案内)という。ただし、外部機関の案内には、次のような苦言も招きかねないことを十分承知してかからねばならない。

調べ学習とアメリカンセンター資料室の混乱（要旨）

京藤松子

在日米国大使館とアメリカンセンターに小中学生の手紙が舞い込みだしたのは2001年12月頃からだった。授業でアメリカをとりあげるのでアメリカに関するパンフレットや地図がほしい、代表的なスポーツや料理を知りたい、などさまざま。子どもの知識欲を阻害しては、とできる限り応じていたが、年明け4月頃から手紙が急増し、我々は悲

鳴どころか完全にお手上げ状態になった。子どもたちからの質問は手紙ばかりでなく電話の問い合わせもひっきりなし，大使館の電話交換手も悲鳴を上げだし，「子どもの質問は回さないでくれ」「では何処に回せばいいの」，と図書館員と交換手の間が険悪になる始末。

　どうしてこんなことが突然起こりだしたのか。分かったのは文部省が 2002 年 4 月から実施した学習指導要領で始めた「総合的な学習の時間」に国際理解が取り上げられたことによると。この学習のために教員グループや出版社がいくつかマニュアル（指導案）を紹介していることも知った。その中に「大使館に電話で取材してみよう」「手紙やファックスで問い合わせてみよう」と書かれている。これでは事前通知もなく膨大な電話や手紙を受ける側はたまったものではない。……

　二千通にも及ぶ質問にセンターの図書館員が回答することはとてもできない。子どもたちの純真な質問への返答としては心が痛むが「断り状」を出さざるを得ない。同時に担任の先生には，先生自ら当資料室や公共図書館へ出かけて調べてほしいと手紙や電話でお願いしてきた[4]。

なんともひどい話であり，日本の学校教育の恥部を露呈した事例といえよう。「総合学習の"国際理解"とはいったい何なのか」「子どもたちが社会に"問い"を発信する前に，学校が行うべきことがあるのでは」と京藤の憤懣は辛辣である。「"調べ学習"はまず"図書館学習"から始めるべきである」とこの文章を結んでいる。もっともである。

　学校の自由裁量，子どもの自主性を大事にしようと始まっ

た「総合学習」が当初,現場には困惑で迎えられたこと,教育施策として十分な検証もなく,その「時間」が早々に後退している事実とこの事例は決して無縁ではない。

適切な指導を欠いた安易な「外部」の便宜づかいの弊について紹介したが,図書館情報ネットワークの教育力に話を戻すと,個別の学校および学校図書館を支援する「学校図書館情報(支援)センター」の整備という課題がある。ひとごろ文科省の研究指定のテーマにも取り上げられたことがある(図5-1参照)。学校図書館の機能を強化するために,自治体の教育センター等に支援センターを設け,学校図書館支援ス

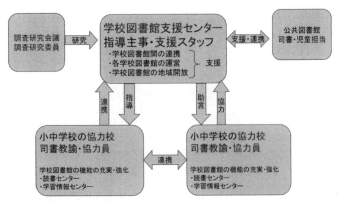

図5-1 文科省のセンター構想の要旨
(出典:永利和則「公共図書館における学校支援の一考察～文部科学省『学校図書館支援センター推進事業』の実施状況を中心に」第52回日本図書館研究会研究大会発表 2011.2)

タッフを置き,学校図書館間の連携,各校の図書館運営,図書の収集や組織化などを支援しようという事業で,着想は重要だが,人の体制にしっかりした配慮を欠いたままでは合理化を進める苦肉の策の域を出ない。

「図書館の図書館」という構想は,従来からよく提起されてきたことであり,教育センターをその要に想定することは,ある程度の規模以上の自治体では考えられることである。小規模自治体では公立図書館にセンターの機能を置くこともあり得よう。その場合,センターには教職と司書の専門性を備えた専門職員を配置し,各学校にも司書を置くことが前提でなければその効果は期待できない。センターが資料の購入,整理の集中処理を行い,学校間の資料の共通利用の媒介役を担う,各学校の図書館運営や教材開発,図書館教育の計画と実施に助言と援助を行う,といった事業を担うならば,学校図書館の組織的な連携を通した機能強化が期待できよう。

鳥取県では県立図書館に学校図書館支援センターを設け,司書教諭経験のある教員を学校図書館支援員兼指導主事として配置し,定評ある県立図書館の機能をバックに,学校支援を積極的に行っている。山口県でも県の子ども読書推進計画に基づく「子ども読書支援センター」を県立図書館に設け,司書資格をもつ教員職の指導主事(2名)を県立図書館の読書推進グループに配して,学校図書館支援にもあたるという方法をとっている。学校支援の事業としては,団体貸出,児童・生徒向け行事の実施,各種研修会の開催,依頼による講師派遣,情報提供,相談への応答などで,県内学校図書館関係組織や市町村教委主催の研修会,各学校に指導主事が出向いて対応している。組織的には県立の児童サービスの一環と

いう位置づけで，学校図書館支援センターとしては変則であるが，公立と学校の連携を強める一つの模索とみられよう。ここでも支援を受ける市町村教委や学校現場における職員体制の整備が課題である。

　図書館情報ネットワークは，コンピュータ，情報通信技術の著しい発展と普及により，急速にその実態を進めた。学校図書館が日常的に活用できる仕組みとしては，公立図書館と共通のコンピュータシステムを導入し，学校から公立図書館の蔵書を検索し，予約もかけられるようにする。既に全県で完備されている県内公共図書館の横断検索も活用すれば，公立図書館による資料搬送システムに乗せると，県域ネットワークまで利用範囲に置くことが可能である。現在のところ，資源共有の仕組みは一定程度にまで整っている，といって過言ではない。

　図書館がその組織性という特徴を最大限に生かして，サービスを拡張できる可能性は大きいが，その基点をなすのは，日常の一人ひとりの求めに確実に応えようとすること，そして期待感や求めが高まれば高まるほど顕在化する自館の弱さの自覚と，さらにそれを越えてまでもサービスしようとする意識である。当然そこには専門職員の配置を前提とし，そういう日常をネットワークが支える，という構造が重要である。

　それによって，あらかじめ決められたカリキュラムにそって，共通の学習課題を履修するふだんの教授＝学習過程からも距離を置いて，自由に自分の学びをどこまでも追求できる環境として図書館ネットワークがあることの意義は大きい。学校図書館は学校の教育力を幾倍にも広げる可能性を備えている。

5.5 資料・情報の再構成と発信, 交流

　図書館は, コミュニケーションの回路でいえば, 著作物の生産者 (著者, 出版社) と読者の間にあって, 両者を媒介するものという位置づけを基本とする。しかし, 子細にみれば単純に読者の前に本を並べて, 手に取ってもらうだけではなく, 読者に多様な出会いをしてもらおうと, さまざまな工夫をこらす。ときには自ら資料を作ることもあるし, 収集した資料を基にそれらを再編成して提示することもある。そうした作用をここで「制御, 再構成, 発信, 交流」と表現してみた。それを教育の営みとして捉えようというのがこの項である。図書館のスタッフによる付加価値, 利用者の参加をもたらす「場としての図書館」という側面にも着目してみよう。

　開架室に本を配架するに際して, 新しく図書館に加わった本を一定期間, 利用者の目につきやすい場所に「新着図書」コーナーとして置く, 教科における調べ学習のテーマや修学旅行などの学校行事の関係で需要が集中すると見込まれそうな「〇〇に関する本」のコーナーを設ける, 著名人の動向 (受章, 死去など) やその地域に関連の深いニュースをキャッチすれば, 速やかにその人や事柄に関連する資料を取り出し,「トピック (話題の本) コーナー」をこしらえる, といったことは, どの図書館においても日常的に行われていることである。それを楽しみに図書館を訪れる利用者もいるだろう。学校の場合には, 児童生徒の図書委員会の活動として取り組まれることもよくある。

　お話しコーナーで司書が子どもたちにお話 (ストーリーテリング) をしたり, 図書の時間や教科の学習との関連で, 教

写真でみる学校図書館の教育力 その3 資料展示
(上:実物もいっしょに,中:沖縄に関する本,下:オリンピックの本)

写真でみる学校図書館の教育力　その4　教師に向けた情報発信
(上：図書館で本をさがすには，下：年鑑の使い方)

師の求めにより司書が教室に参加してブックトークを行う，というのも珍しいことではない。コーナーの展示やブックトークで紹介する本について，解説を付けたリストを作成して，配布することもある。

それぞれに図書館スタッフが，ある程度の集中的な利用が見込まれるテーマの本，読んでみてほしいと思う図書をピックアップし，利用者にアピールする図書館活動の一つであり，利用者が一般の書架から自分で選んで取り出すのに委ねるだけでなく，積極的に注意を喚起する，一歩踏み込んだ資料利用へのガイドともなる。少し硬い表現になるが，スタッフによるある種の教育的価値に基づく資料の制御と言ってよいし，ある基準に立っての蔵書の再構成と言ってもよい。

ブックリストや調べるテーマに向けての学習・検索のガイド（ワークシート，パスファインダー）をこしらえるとなると，そこは図書館による資料の製作という領域への踏み込みになる。図書館は通常は既存の資料を対象に評価・選択をするのであるが，利用者が必要とする情報で，適切な本がない場合には，図書館自身が，あるいは外部の適任者と協力して資料を作成することにもなる。

一例として，兵庫県滝野町（現・加東市）の図書館では，子どもたちが自分の住んでいる町が好きになり，町のことがもっと知りたくなるための素材として，郷土史研究者や教師などに呼びかけて，小学校高学年から中学生を対象にした『そこが知りたい滝野の歴史』1,000部をQ&A方式で作成した。学校にまとまった部数を配布するとともに図書館にも備えたが，大人の利用も多く，地域資料の中ではずば抜けて利用が多かったという。町長の理解も得て，翌年には姉妹編の『語

りつぎたいふるさと滝野』を 4,500 部作成し，前作も併せて町費で全戸に配布している[5]。

ここまでは個別の学校図書館でやれる規模の事業ではないだろうが，本当に必要なものとなれば，地域の学校図書館協議会などが共同の事業として取り組むことも意義のあることである。子どもたちの学習に適当な地域に関する資料の欠如はどの地域，図書館でも悩みの一つになっていることが多い。

学習指導要領の中での揺らぎは否めないが，総合的な学習の時間の特設，学習方法として子どもたちが積極的に判断し，行動するアクティヴ・ラーニングの重視，といった学習指導上の変化は，学校図書館の利活用と親和的な関係を強めることが考えられる。そうした学習指導の企画，立案，実施，検証には図書館の機能と場を活かすことが有用である。手近にさまざまな資料とさらなる情報へのアクセスの手段が揃っている図書館は，机と椅子だけの会議室よりもよほど何かを「つくる」会議になじむ場であるし，総合学習の成果の発表の場としても有効である。子どもたちの作品，発表資料やレポートを図書館資料として集積すれば，その後の同様の学習にとって有益な参考資料ともなろう。それらをネットを使って発信すれば，地域を越えての学習成果の交流ともなり得る。学校図書館は学校の教育活動の企画から展開，成果の蓄積，交流にも至る一連のプロセスに深くかかわり得る可能性を備えた場である。

学校図書館は一義的には，児童生徒の学習や読書のニーズに応え，教員の学習指導を支える役割を負うものであるが，一定の物理的要件と学校運営上の共通認識が伴えば，その学校の教育情報センター，学校記録（アーカイヴ）の拠点とい

う位置づけをもたせることも可能であるし,意義のあることである。

筆者は大阪教育大学附属図書館長の在任中に,図書館のスタッフと協議し,開架室に「大教大コーナー」を設けた。その趣旨は,このコーナーをみてもらったら,大阪教育大学のいまと過去,これからをうかがい知ることのできる手がかりを図書館に,ということだった。大学の二十五年史,大学紀要,各学科・教室ごとの概要や発行している研究誌,構成員(教員)の著作,大学の改革に関係する学内外の資料,さらには全国的に大きなショックを与えた附属池田小学校における児童殺傷事件を伝える新聞記事ファイル,などを開架室の一角に揃えた。入学志望者を対象にしたオープンキャンパスで,うちの大学の一番の見どころは図書館だ,という事実をヒントに,大学図書館を学内外にアピールするものとしたいという狙いに発するものだった。ささやかなコーナーではあったが,それまでは図書館の書庫を含めて学内のどこかに分散保存されていたものを一堂にまとめて公開することで,図書館の一つの顔にできたのではないかと思った。

同様のことが,規模はともあれ各学校で試みられてよいし,それによって学校の教育活動,研究実践,学校運営の記録や成果が共有されることは重要なことである。文科省や教育委員会からの通達文書や各種の教育情報,教育専門紙誌,なども校長室や職員室の片隅に積み上げておくよりも,図書館の教員コーナーに配架するほうがよほど有効な活かし方であろう。

校区における町の変貌,人々の暮らしの変化や出来事などを記録し,集積する作業が累積されれば,それ自体が子ども

向日葵は金の油を身にあびて
ゆらりと高し日の ちひささよ

前田夕暮

写真でみる学校図書館の教育力　その5　調べる，創る子どもの活動
（上：短歌について図書館で調べる，下：POP の見本展示）

たちの地域学習の貴重な素材ともなる。その仕事は図書館がというよりも，学校内外のさまざまな人たちの共同意志としてなされることがより意義深い。地域のドキュメントの結集は，それ自体が一つの学校づくりといってよい。

　父母が参加する学校委員会などを本気で機能させようとするならば，この種の情報共有の仕組みを整えることは欠かせないものとなろう。そのために子どもの閲覧席や絵本コーナーを縮減して，ということでは本末転倒であるが，こうした学校アーカイヴづくりも学校図書館の機能の中に捉えられてよい。

　そのほかにも図書館は，生徒図書委員会による自治活動の拠点として，あるいは近年盛んに取り上げられるビブリオバトルや全校読書会，多文化交流体験など，資料や情報を駆使した学校の文化活動の拠点として図書館を活かす方途は限りく広い。図書館は総合的な学習が生まれ，育ち，広がる「ひろば」である。単に読書センター，資料センター，教材センター，学習センター，という平板な把握だけでは捉えきれない重層的な機能と可能性を重視したい。

5.6 知的自由，プライバシーの尊重

　図書館が事業の拠って立つ基本原理として大事にしているものに，知的自由の尊重，利用者のプライバシー保護という考え方がある。日本図書館協会が1954年に採択し，1979年に改訂した「図書館の自由に関する宣言」にそのことを明記している。

図書館は，基本的人権のひとつとして知る自由をもつ国民に，資料と施設を提供することを，もっとも重要な任務とする。

　この任務を果たすため，図書館は次のことを確認し実践する。

　　第1　図書館は資料収集の自由を有する。
　　第2　図書館は資料提供の自由を有する。
　　第3　図書館は利用者の秘密を守る。
　　第4　図書館はすべての検閲に反対する。

　図書館の自由が侵されるとき，われわれは団結して，あくまで自由を守る。

図 5-2　「図書館の自由に関する宣言」ポスター

　ここで「国民」というとき，「子どもの権利条約」が明示するように，年齢によって区別されるものではなく，当然に学校の児童生徒（子ども）をも対象としている。宣言の副文で

5章　教育力の7項目を個別にみる

は,ここに掲げる「図書館の自由」に関する原則は,「すべての図書館に基本的に妥当するものである」ともうたっている。

ただ,「基本的に妥当する」といういささか歯切れのよくない表現になっているのは,1979年の改訂の際(これには筆者自身,改訂案の起草委員として深く関与した),この原理の捉え方において,学校図書館が公共図書館とまったく同様に考えられるかにつき,当時まだ十分な経験と条件を備えていないという不安があり,今後の実践を通して確かなものとしていく課題を留保してのことであった。爾来少なくない経験と研究協議の蓄積を通して,学校図書館においてもこの原理は当然遵守されるべきことだと学校図書館界でも考えられるようになっている。

学校図書館についての国際的な共通理解を確認するユネスコの「学校図書館宣言」においても,学校図書館サービスが「学校構成員全員に平等に提供されねばならない」ことを掲げ,サービスの核になるものとして,

　知的自由の理念を謳い,情報を入手できることが,民主主義を具現し,責任ある有能な市民となるためには不可欠である。

と高い目標を確認している。

しかし,学校文化の中でこの自由の原則がすんなり受け入れられるか,については,なお弱さも否めない。主たる利用者が未成熟な子どもであり,教育の場の図書館として,資料収集・提供には教育的配慮が必要ではないか,子どもが何を読んでいるかについて担任の教師が知っていることは,生徒

指導上必要なことだ，という認識は，学校の中では必ずしも特異な考え方とは言えまい。ここにこの6項目を学校図書館の教育力として掲げることの厳しさが残る。

このテーマに関するよく知られた事例に，1981年秋に発覚した愛知県立高校図書館における禁書問題がある。図書館が購入を決めた数十冊の図書が，複数の学校で校長の承認が得られないために買えないという問題の顕在化であった。『窓ぎわのトットちゃん』について「芸能人の書いた本は好ましくない」など奇異な理由をつけて，「学校の図書館には好ましくない」と校長が拒否した。2013年には松江市教育委員会が，学校現場に『はだしのゲン』の閲覧制限を指示し，世論の厳

図5-3 「トットちゃんも読めない学校図書館」新聞見出し

5章 教育力の7項目を個別にみる………119

しい批判を受けて後に撤回している。描写の残虐性などが理由とされたが、愛知の場合も含めて、「教育的配慮」のあいまいさ、拒否の真意がどこにあるかが問われるケースであった。それは先にみたアシャイムのいう検閲者の視点に立つ判断であり、図書館の選書が拠って立つ視点とは相いれない発想である。

　読書は、読者が誰からも制約されることなく、自由に好きなものを、自分で選びとって読めることではじめて、真に心をひらいて楽しめる、すぐれて個性的な営みである。そのことは子どもといえども違いはない。図書館は読者の多様な選択と自由意思を最大に尊重することで成り立つ事業である。読後の感想を必ず書かねばならないとなると、好きなように読めない、ということにもなろうし、逆に誰かに読んだ思いや感動を語りたい、というときはそれが自由にできることも大切である。

　読書記録の扱いも同様で、本を借りた記録がいつまでも帯出カードに残る仕組みは自由な貸出を制約することになる。その一方で、自分が読んだという証を記録に残したい、それが読書や学習の励みになるという側面もないわけではない。大事なことは、読者自身が自分で判断し、選べることである。自分に関する情報は、自分でコントロールできる、自分に関することが自分のあずかり知らぬところであれこれの判断の素材になる、といったことがあってはならない、というのがプライバシーの原則順守である。

　読書や学習というすぐれて精神的、思想的な営みについて、そうした心の自由を大事にすることで図書館活動は成り立っている。そうした保障のないところでは、人は思いのままに、

自由に読んだり，調べたり，考えたりはできない。そういう信頼をもてない相手に，心の内をあかし，率直な相談を持ちかけるようなことはしない。

　こうした「図書館の自由」の原則が学校文化の中に根づくことは，教育の質の転換に重い意味を持ち込むことになろう。子どもの心の内をよく知らねばならない，子どもの読書や学習の跡をしっかり把握しておくことが生徒指導にあたって重要だ，という素朴な「善意」の思いが一般的な学校文化の中で，この原則にはなお抵抗感も少なくないかもしれない。しかし，だからこそ，そういう見方，考え方もあるということがもたらすインパクトは新鮮なのではないか。あえて，そこに学校図書館の教育力をみようとする所以である。

　予約図書が利用可能になったという通知メモをもって本を借りにきた生徒に，「このメモは君の大事な心の記録だから，自分できちんと処分してね」と司書が言って渡したら，「へぇ，そんなことまで考えてこの仕事してるんですか！　びっくりだなぁ」と驚かれた，という話がある。図書館の仕事を支えているライブラリアンシップへの社会的，一般的な認識や理解は，まだまだ希薄である。それだけに，図書館の自由の浸透には，図書館職員の日常のさりげない所作を通しての裏づけが重要である。「そんなこと」が当たり前のこととして受け取られるような日常の活動が，広く定着していることが基盤になければならない。

　そのことの理解を校内に広げるためには，まずは係教師の間で図書館の自由，読書の自由を話題にし，さらに図書館の利用に熱心な教師に意識して話しかけ，共感してもらえる努力を日常的に重ねることが重要である。できれば校長に折を

見て話しかけてみることも試みたいことである。

あまり「良質な本」とはいえそうにない『完全自殺マニュアル』のリクエストを生徒から受けた高校司書が、その扱いについて図書主任、図書館委員会に参加する教師たちと丁寧な検討を重ね、この本と関連のある幾冊かを併せて「生と死を考える」という特設コーナーを設けて配架し、図書館に理解の厚い社会科の先生が授業でこの主題を取り上げ、当該の図書をも教材化したという実践がある[6]。学校図書館においてなればこその「教育的」な対応であり、図書館の自由を学校文化になじませる貴重な試みだといえよう。

5.7 生涯学習者の育成

学校図書館の教育力を考える最後の項として「生涯学習者の育成」を掲げた。生涯にわたって学びながら生きる力の基礎を醸成することは、いまや学校教育の主要な目標、役割の一つとして認識されていると言ってよい。図書館の存在とはたらきは、その一端を担うものとして理解しやすい。

学校では知識を教えるのではなく、知識を獲得するしかた、学び方を学ぶことが重要だ、と言われることがよくある。それが単なるノウハウの技法に矮小化されてはならないが、人が長い生涯にわたって、重要な生涯発達の節目を一つひとつ主体的に選択し、次のステップへの糧としていく生き方ができるための基礎を集約して身につけることは、誰もが人生の早い時期に一斉に経験する就学（特に義務教育）期にこそ大事な体験である。

その内容を学校図書館の利活用と図書館活動に引き寄せる

と、「図書館の利用指導」という指導領域がある。図書館利用教育、情報リテラシー教育、文献（情報）検索指導、あるいは読書教育をも含めて図書館教育、など類似・近接の概念もある。ここではその区別は問わないことにして、要は必要に応じて図書館を上手に使いこなし、適切な資料や情報を確実に入手する方法を身につけ、それを読みこなし、知的生産、さらなる学びに活用できるための知識と技法の習得、習慣化である。

具体的には、図書館で蔵書がどのように分類・配架されているか、求める資料の検索方法、辞書や年鑑など参考図書の使い方、索引の機能、データベースの活用法、さらに読み取った資料を活かしてレポート・論文を作成する方法、成果の発表法など、情報リテラシーの全般を体系的、系統的に学習する。そのためにカリキュラムの中に特別の時間を設定することもあれば、教科の学習の中で、学習内容に関連づけて指導することもある。小学校における「図書の時間」のような特設時間の指導では、教師の求めにより図書館のスタッフが主導することもあるが、本来は担任の教師が主として担う役割であり、図書館のスタッフはそれに協力する。教師の多くがそうした指導にあまり習熟しているとは言えない現況では、図書館スタッフによる支援は重要である。大事なことは、どういう知識・技能をどの段階で、どの程度まで学習するかの全体的な構想、実施計画をもち、その具体化を学校運営全体の中に位置づけることである。一部の私立学校でみられるように、専任の司書教諭が配置されていれば、図書館科、読書科といった特設の時間（教科）を設定してそれを主担することもあり得る。

近年，大学において文献探索法の授業を教養共通科目として開講し，図書館も教員と連携してその指導にかかわるケースが増えている。大学生になっても必要な文献を入手し，レポートが書けない，図書館がうまく使えない，という学生の実態から生まれた大学・短大における「教育改革」の流れであるが，小学校以来のこの種の学習経験の成果がいまだ乏しいことの結果でもある。図書館の利用指導（図書館教育）は学校図書館が制度化された初期の頃から主要な研究課題とされ，文部省の指導の手引きなども出されてきたが，実践が伴ってこなかった。その必要性が学校教育全体の中で本当に実感されていなかった，というほかないが，利用法を学んででも使いたくなる学校図書館の実態が乏しかったこととも表裏の関係にある。

　義務教育の小・中学校から高校，さらに大学へと，図書館利用教育はどこかで一度やればよいというものではなく，一連の継続として，らせん状的に積み重ねる学習として組織されることが重要である。その蓄積を市民的教養として，その後の人生に活かせるように体得させることが「生涯学習者を育む」ことにつながる。

　学校図書館の教育力として，生涯にわたって図書館を上手に使い，必要に応じて知りたいことを調べ，暮らしに活かせる生き方を身につけるためには，在学中に図書館をしっかり使う日常を重ねることである。それが面白く，楽しいことを実感として経験しておくことが重要である。図書館の使い方を身につけて卒業していく児童生徒を一人でも多く育むことが，学校図書館の教育力の究極の成果といえよう。

　それは，教師が職業生涯を教師として生きていくうえでの

「学ぶ人」であり続けるための大事な環境でもある。現代の教師が,必ずしも図書館のよき利用者として養成されているとは言えない現実からも,それは大事な課題である。

　情報が暮らしの中で占めるウエイトが非常に大きくなっている現代において,情報を選択的に活用できる力を欠くことは,情報疎外につながり,情報格差は人として生きる上での人権侵害ともなりかねない。図書館の教育力を暮らしに根づかせることは,現代の人権保障の一環だという認識を大事にしたい。

注

1) 「座談会『ことば』が生まれる土台としての『からだ』」　『こどもとしょかん』149号　2016年4月　p.15-16　(松岡享子の発言)
2) Lester Asheim : Not Censorship, but Selection. *Wilson Library Bulletin*, 1953. 9
3) Horace Mann : On District-School Libraries (Life and Works of Horace Mann. vol. 2)
4) 『図書館の学校』59号　2004年11月　p.2-3
5) 直井勝「小さな(地域)図書館の大きな課題－地域資料を考える」『三角点』復刊15号　2005年7月　p.10-12
6) 土居陽子「『完全自殺マニュアル』の予約をめぐって－学校図書館における『図書館の自由』」『表現の自由と「図書館の自由」』(「図書館と自由」第16集)日本図書館協会　2000年　p.112-125

6章 教育力を活かせる要件

　前章で学校図書館の備える教育力の7項目を概説してきた。こういう力を内在しており、それは学校が日々実践している教育活動を補完的に作用することもあるが、それとは距離を置いたところでの独自な作用として発揮されることもある。そのことで、学校の教育力そのものが全体として拡張されることにもなることを示してきた。

　だがそうあるためには、前提としていくつか欠かせない要件がある。どんな学校図書館もが、学校図書館である限り必ずそういう力を具現化できるというものではない。本章ではその要件について考えてみたい。それらはいま、学校教育の変革に資する学校図書館のあり方、学校図書館の当面する課題を考えることでもある（最大の当面する課題である人の問題については、あえてここには含めず、終章に譲る）。

6.1 教師の真摯な教育実践の存在

　学校図書館の教育力が発揮されるのは、一般には児童生徒が自らすすんで図書館を利用する中においてであるが、そうした日常が学校の中で広がるためには、学校に目指すべき教育を自覚し、それに向けて日々の教育実践に努める教師（集団）が存在することが必要である。そうした教育現場の土壌

の中でこそ,子どもたちも学校図書館をすすんで活用しようとする機運も強まろう。

　日本の学校教育の歴史の中で,初めて学校に図書館(児童文庫)をつくろうと教師自身が取り組んだのは,明治の末から大正期,昭和前期の教育実践運動の下であった。既存の教育(政策)の旧弊を越えて,子どもたちの成長・発達にとって必要なあるべき学びを目指そうと,時には身に振りかかる危険をも顧みず,教育改造に努めた教師たちの実践(大正自由教育運動,それを継ぐ生活綴方や教育労働運動など)が追求されるとき,国定教科書だけではとうてい真の教育は果たされないと考えた教師たちが必要だと意識したのが,多様な児童読み物や学習教材であり,それを備える図書館であった(ここでその詳細を述べることは控えるが,拙著『日本学校図書館史』を参照いただきたい)。

　この事実から学ぶことは,図書館が本当に必要とされ,活用されるためには,学校が真摯な教育実践を追求する場として機能する日常が不可欠であり,逆にそうした教育を目指そうとすれば,図書館の存在と機能が必須となる,という相互関係である。

　現代の課題でいえば,学校ぐるみで総合的な探究学習,子どもたちのアクティヴな学びの日常を創り出そうと取り組む学校であれば,自校の図書館の整備・充実は必ずや大きな関心とならざるを得まい。学校図書館の利活用で広く知られる鶴岡市立朝暘第一小学校,「奇跡の学校改革」として探究学習で注目を集める京都市立堀川高校など,各地にその事例はみられる。しかし,それがなお特異な事例として紹介され,関心を集める状況が続くのは残念なことである。

まったく逆の話もある。筆者が教育大学で学校図書館学を講義していたころの旧聞になるが，教育実習から戻った一学生が，その折の体験を不満げに話してくれた。教育実習では最後に公開で研究授業をやるのが普通で，彼もそのための教材研究をやろうとその学校の図書館に調べに行きたいと指導の先生に話したところ，「学校の図書館に授業に使えるような本などあるもんか」と言われた。そんなはずはない，学校図書館は教育課程の展開に役立つべきものだし，教員の利用にも資する役割をもっていると大学では習ってきたのに，心外だ，というのが彼の不満だったのである。この先生にすれば，学校図書館はしょせんおとなしい本好きの子どもが，ひっそりと本を読みに来るところ，という程度の認識で，授業との接点や教師の利用など，およそ念頭になかったのだろうし，教材研究に役立つように中身の充実を図るなど，思いもよらないことだったのだろう。こんな先生が担任になると，子どもには不運だというほかない。

　教師が本気で調べ学習に取り組もうとすると，自分の学校の図書館がいかに貧弱か，なんと資料が貧しいかを痛感した，という話をよく耳にする。図書館（資料）を当てにしなくてもやれる「名人わざ」のような教師の「教育力」もないではなかろう。しかし，創意工夫のある授業を実践し，子どもたちにしっかりした「自ら学び，自ら考える」学習を経験してもらおうとすれば，学校図書館を活用すること，活用に値するような図書館をつくる努力をふだんから学校の課題とすることは，教師として不可避な責務のはずである。また，そのことが学校の中で当然のこととなっておれば，子どもたちが日常的に図書館を訪れ，自由に自分の課題に照らして本を手

にし，読み，考え，楽しむことが一般化する。学校図書館の教育力の発揮には，こうした学校の日常が前提として重要である。

6.2 教師の豊かな図書館利用体験

　前項で教師の真摯な教育実践のあるところ，必ず自校の図書館の整備・充実に目が向かう，と述べた。しかし実際には，なお一つの留保要件が必要だろう。戦前の教師の場合，それが十分だったとはとても言えないだろうが，教師自身の豊かな図書館利用体験と，それを通して形成される図書館像である。

　俗に「図書館って，いいもんだ」と実感する先生が学校に一人でも多くいること，できればすべての教師がそのように思ってくれることが重要である。

　そのための方策として，学校図書館界がずいぶん以前から要望してきているのは，教員養成の教育課程において，司書教諭資格科目（せめてその中の総論科目，現行でいえば「学校経営と学校図書館」程度）を全員に履修させるようにできないか，「図書館教育」「図書館利用法」といった科目を教職専門科目として特設してほしい，という内容である。教職専門科目に新たな枠を設けることは教育界で共感を得るのは難しいだろうが，教育方法，教授法，学習指導法などの内容として，学校図書館の利活用，教育メディアの活用，などを必ず指導するように，という共通理解を関係者に働きかけることは可能な課題である。

　だがそれ以上に重要なことは，教員一人ひとりが日常的に

図書館を実際に使う経験を豊かにすることである。子どもの頃から図書館利用の経験を重ね,「まえがき」で引いた学生のような図書館像をもち,大学でも卒業論文の作成などでしっかり図書館や文献・情報検索の体験をして教師になってくれるとよいのだが,なかなかみんながそうとは期待できない。そこで重要なのが,学校図書館による教員支援の活動,教員サービスの充実である。創意工夫のある授業づくり,教材研究に対してレファレンスサービスで応える,教材づくりに協力する,教科の授業や図書の時間を含む学級指導において,求めに応じてチームティーチングとして参加し,図書館利用の案内,資料紹介,ブックトークを行う,などがその内容となる。その前段には,できるだけ多くの教師が日頃から気軽に図書館を訪れ,授業のこと,子どものことについて図書館スタッフとあれこれ思いを交わすコミュニケーションが大事である。それらを通して教師が図書館の仕組みや図書館利用に興味をもち,子どもたちにも図書館を積極的に活用するように働きかけようと思ってくれることが重要である。

東京学芸大学において,各附属学校における図書館を活用した授業実践の事例を,「先生のための授業に役立つ学校図書館活用データベース」として集積・公開することで,学校図書館の活用を盛んにする実践研究が大学(図書館)を含めて全学的に進められているのは重要な取り組みである。教員に役立つ学校図書館づくりは,教育と図書館の近い関係を追求する上で重要な課題である。

文科省が 2008 年に設置した子どもの読書サポーターズ会議(座長・片山善博)の報告書が『これからの学校図書館の活用のあり方等について』(2009 年 3 月)になったのも興味深

いことであったが，その具体策の一つに，教員サポート機能を指摘したことは重要な提起であった。報告は，学校図書館による教員サポート機能が，法による位置づけがあるにもかかわらず，これまで発揮されてこなかったとして，

> 　最近では，個々の教員の創意工夫による教育活動の充実がますます重要となる一方，それぞれの教員について見れば，その業務は一般に多忙となっており，子どもたちへの指導の準備に要する時間を含め，子どもと向き合う時間の確保に困難を抱えている実情がある。こうした中にあって，教員に最も身近な情報資料拠点である学校図書館を，教材研究や授業準備等の支援に有効に活用していけるようにすることは，もはや猶予を許されない課題である。

と指摘している。教員の忙しさへの対応というニュアンスが強いのにはいささか抵抗もあるが，学校図書館の利用対象が「児童生徒及び教員」と法に明記されながら，教員に向けたサービスに目が届いていなかったことへの注目は評価したい。文科省の提起としては，それが十分やれるだけの学校図書館の条件整備，とりわけ人的措置が伴わなければ，施策にはならない。ぜひともそこからの展開を期待したいところである。

　先に学校図書館の教育力の第7項に挙げた，市民的教養を備えた生涯学習者に，教師はほかの誰よりもなってほしいし，それは教職に就く基礎要件，ということであってほしい。それによって，子どもたちに図書館利用を本音で助言できるし，子どもたちからも共感を得ることができよう。

　以上二つは，主として教師にかかわる前提要件である。

6.3 子どもたちの図書館リテラシー

次にそれとセットの関係で，子どもたちの図書館を使いこなせる技法，ノウハウの習得がある。当然のことながら，学校図書館の教育力は子どもたちが図書館に足を運び，図書館（資料）を使ってみようとしないことには発揮されようがない。その機会を開くうえで，前2項に挙げた教師の関与が期待されるが，最後は子どもたち自身が自ら使うこと，使えることが重要である。そのための図書館利用指導が適時に，有効な方法で，計画的・継続的になされなければならない。それが日常のよい図書館サービスと表裏の関係で，互いに補い合う関係でなされるべきことは既述のとおりで，ここで多くを繰り返す必要はなかろう。

図書館の利用が面白いと感じられれば，もっと図書館をうまく使いこなす術を知りたいとも思うだろうし，図書館について深く学ぶ中で，図書館が備える力を体得し，自分の学習過程を豊かに広げることにもなろう。

子どもたちの図書館リテラシーの中には，学校図書館の利活用だけでなく，地域に公共図書館があることの意味，その上手な利用法を含めることも大事であるし，子どもたちの暮らしの中で携帯電話やスマートフォンなどデジタル電子機器が占める存在が非常に大きくなっている現在，情報との適切なつきあい方の学習も併せて行うことが重要である。情報に振り回される生き方ではなく，主体的に情報を選択し，使いこなせる生き方を修得させるようにしなければならない。

6.4 地域によい図書館の存在と連携

　図書館の教育力を形成する要素の大きなものに，図書館の組織性，図書館ネットワークの活用があることを先に挙げた。個々の図書館としてはさほど大規模なものにはなりようがない学校図書館が，限りなく広くて大きい資料・情報の世界に利用者をアクセスできるようにするためには，図書館ネットワークの活用は不可欠である。またそれによって，利用者は図書館の力を実感できる。その際，最も身近で，入口としても適当なのは同一自治体の公立図書館である。公立図書館と学校図書館との連携，協力は，それぞれの法的根拠を示す図書館法，学校図書館法に明示されているところだが，学校図書館のサイドからいえば，地域によい図書館活動がなければ，学校図書館も十分な活動ができない，と捉えるべきである。

　かつて子ども文庫の活動が高揚をみた1970～80年代に，その活動を主導したお母さんたちから，よい図書館がないと文庫も育たない，と言われたことがある。子どもと本とのきめ細かな出会いは私たちがやるが，子どもたちの旺盛な読書意欲を満たせるだけの本を供給するのは市民の持ち寄りでできることではない，それは行政の責務であり，公立図書館の役割だ，という認識を基にしている。

　類似のことが学校図書館との間でも言える。地域の公立図書館が充実し，学校というコミュニティで学ぶ児童生徒とそれを支援する教職員で構成される学校教育の世界をサービス対象として把握するという視点に立てば，多様な学習の過程に対応できるだけの資料が学校図書館で充足できないときは，必要な資料を補給し，使えるように支援することは，公立図

書館の当然の責務である。

　公立図書館は，自らが域内の学校図書館に対して直接のサービスを行うだけでなく，県立図書館，大学図書館，専門図書館などその他の図書館および図書館組織に学校図書館を誘導し，支援が得やすくなるようつなぐ役割も期待される。県域の図書館協会の事業に学校図書館を誘うことで，学校図書館が図書館ネットワークを実感できるように仲介することも，公立図書館に望みたいことである[1]。

6.5 図書館運営体制の整備——成果の公表，点検・評価と運営計画への還流

　学校図書館に専門職員（学校司書）の配備が進んだとしても，ひとり職場であることは変わらないし，司書教諭と学校司書におまかせ，ということでは有効な学校図書館の利活用は難しい。その学校の教育が目指すところ，学校が達成したいと考える目標に向け，それに資する学校図書館の在り方を追求するには，学校づくりと一体の課題として図書館運営を捉える学校経営が求められる。司書教諭，学校司書が中心になるのは当然であるが，各学年，教科のサイドから図書館の整備・充実を考えることができるよう，代表を出して図書館（運営）委員会を構成し，図書館運営の年間計画を策定する。計画の遂行については定期的に点検，評価を行い，その結果を職員会議等に報告し，情報の共有を図ることが重要であり，そのような図書館運営には校長等の学校管理者の認識，理解が欠かせない。

注

1) 施設会員と個人会員で構成されている岡山県図書館協会では,毎年3～4回実施しているセミナーのうち1～2回は学校図書館にも関係する内容となるよう企画しており,テーマによって学校図書館協議会との共催にしている。そういう企画のときは協会に加盟していない学校図書館員にも案内を周知し,参加を呼びかけている。

7章 これからの学校づくりと学校図書館
―教育力を活かした学校図書館づくり　課題と展望

　「学校図書館の教育力」ということをキーワードに，学校教育の変革に資する学校図書館，図書館教育の在り方，可能性について考察してきた。これからの時代を生きる子どもの学力が問われ，学習指導法の変革，あるいは2014年の学校図書館法改正が投げかけた学校図書館の整備・充実が教育問題として関心を集めるいま，これからの学校図書館づくりの差し迫った課題をいくつか提示し，本書の結びとしたい。

7.1　学校現場の創意工夫こそが基点

　ほんものの改革は官庁の会議室から生まれるものではなく，現場の日常における真摯な取り組み，実践の中からこそ生まれる。少なくともその部分を抜きにして，根本的には変わりようがないことは，150年近い歴史を重ねた学校教育の世界においても違いはない。制度化をみて半世紀余になる学校図書館が，学校教育の中に確かな定着を果たすのもそれを措いてはないだろう。

　本当に高いレベルで機能している学校図書館がまだまだ多くない現状では，いかにして学校構成員の目を図書館に向けさせるか，がまず重要である。どんな教育を目指すのか，どのような学校をつくるのか，というどの学校においても意識

される学校構成員の共通意思の中に,教育の充実に資する学校図書館像がいかに据えられるか。

そのためには職員会議や教科の研究会など,校内のあらゆる会議において,図書館のスタッフ(司書教諭,学校司書,図書委員会のメンバーなど)が積極的に参加し,そのことで図書館がかかわり得る役割を発言し,有用な情報発信に努めることが必要である。教員を対象にした図書館だよりを活用して,児童生徒の図書館利用の実態,図書館を使った授業の様子や成果,子どもの反応などを紹介することで,構成員の目を図書館に向かわせるように努める。図書館利用についての校内研修も学校運営の計画の中に組み込むようにしたい。

図書館に行けば,その学校の教育に取り組む雰囲気や目指すものが伝わるような,学校の中の開かれたひろばとして学校図書館が認識されることを目指す。

7.2 多様な教育力を活かす学校運営

学校が教員を主とする組織であることは近代学校の発足以来変わりはない。しかし,児童生徒の知育・訓育が教師のかかわりだけでなされるものでないことも明らかである。そうした世界にいま,さまざまな専門家の参加と協力,力の寄せ合いが必要だという考え方が強くなっている。それだけ子どもをめぐる状況が厳しくなっており,学校に求められる役割が多様化,複雑化している表れでもある。それに対処する政策レベルの動きとして,先にも触れたことであるが,2015年12月の中教審答申「チームとしての学校の在り方と今後の改善方策について」がある。

学校において子供が成長していく上で，教員に加えて，多様な価値観や経験を持った大人と接したり，議論したりすることで，より厚みのある経験を積むことができ，本当の意味での「生きる力」を定着させることにつながる。そのために，「チームとしての学校」が求められている。

こうした問題意識から答申は，学校に必備な職として，スクール・ソーシャルワーカーの法令明記を指摘し，マスコミもそのことに注目を寄せた。いじめ，不登校などの生徒指導上の課題や障害のある子，貧困や虐待など福祉分野の支援が求められる課題など，多様化・複雑化する子どもの状況への対応に迫られる学校において，多様な専門スタッフが子どもの指導にかかわることで，教員だけが子どもを指導するこれまでの学校文化を転換していこうという模索である。「学校における協働の文化」「組織文化」の課題という観点が中教審で語られるのは珍しく，貴重である。

　「専門性に基づくチーム体制の構築」―「教員以外の専門スタッフの参画」という流れの中で，「学校図書館の利活用の促進のため」に学校司書の配置の充実についても言及している。既に学校司書の配置を明記した学校図書館法改正がなされた以降の答申であり，そのことにはさほどの新味があるわけではないが，学校運営におけるこうした流れは重要なことであり，学校司書の役割をその教育力を重視する観点から積極的に活かしていくこと，そうした期待に応えられるような専門スタッフを配備する施策が重要である。

　答申を待つまでもなく，学校図書館の整備や読書教育の領域では，これまでにもさまざまな学校外からの参加がなされ

てきている。「人」の不在を補う安易な代替策という要素がそれを支えたという側面も否めないが、地域の教育力としての実績が厚い子ども文庫の担い手、あるいはPTA会員などが学校の図書室の整備、図書室や学級におけるお話し、読み聞かせなどを行うケースは広く実施されている。

　図書館ボランティアをお金のかからない「学校図書館補助員」と捉えるような貧しい行政施策とは厳しく峻別しなければならないが、しっかりした「専門家」を学校の教職員と位置づけたうえで、さまざまな市民、父母がそれぞれの備える知識、技能をもって学校（図書館）に加わり、専門スタッフと協働して子どもたちに新たな文化を享受する機会を開くことは大きな意義がある。

　図書館ネットワーク、地域の多様な情報機能との連携、活用も同様の流れの一環として捉えることが適切である。

　地域の公立図書館との連携の内容として、あるいは子ども読書推進計画の一環として、クラス単位で公立図書館訪問をしたり、図書館の司書に学校（学級）に来てもらって図書館の活用法を学んだり、読書への誘いをしてもらうということが広く行われている。これらも地域の多様な教育力を活かす学校運営として、図書館にお任せの企画ではなく、その時間をどんな学びの機会とするかを双方でよく協議し、協働した教育の中身づくりという位置づけでなされることが望ましい。

7.3 学校まるごと図書館構想

　これまでから海外の学校図書館視察レポートなどで、学校の中心に図書館機能を備えた広い学習空間（ラーニングセン

ター）を置き，その周りに普通教室などを配備することで，いつでも必要を感じたらすぐに図書館が使えるようにつくられた学校がよく紹介されてきた。画一的なつくりが特徴的な日本の学校建築においても，オープンスクールの構想で5〜6教室分くらいの広い学習センター（図書館）を中心部に据えた公立学校の例もある。

児童生徒を66㎡の普通教室の中だけに押し込めるのでなく，アクティヴに行動し，調べたり確かめたり，ディスカッションをしたりという学習方法を積極的に進めようとすると，そういう学習になじむように学校の空間を整備することが必要となる。少なくとも伝統的なコの字型，ロの字型校舎の最上階の一番端が図書室だ，というつくりでは，そうした学びの理念を体現することは難しい。創造的な学習スタイルの追求には，学校の施設計画から見直していくことも重要である。

学校図書館の立地として望ましいのは，子どもたちの学校生活の動線上にあって，どの学級・教室からも近くて行きやすい位置がよい。沖縄の学校で多くみかけるが，生徒の通用口近くに図書館を配するのは一つの方法だろう。外国の例だが，身体を鍛える体育館と心を育む図書館の二つを中心に置き，その周りに教室を置く学校を見たことがある。どんな教育を目指すかがよく見える学校づくりである。

ここで「図書館を中心とした学校づくり」を新しい校舎設計の重点の一つに据えて2010年に開校した茨城県牛久市立ひたち野うしく小学校の施設概要を，同校の基本計画から竣工までをまとめた記録[1]から紹介しておこう。

図書館は校舎棟一階の児童の出入り口すぐにある昇降口に隣接し，児童の生活動線上に位置している（普通教室からは

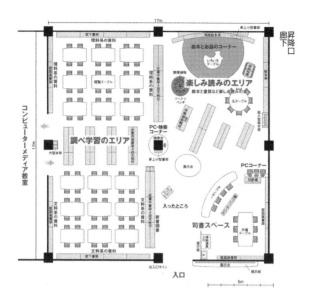

図7-1 ひたち野うしく小学校図書館平面図と楽しみエリアでの読み聞かせ
(出典:『こどもが変わる 学校が変わる図書館づくり－平湯モデル図書館家具』愛知株式会社 2014年 p.14, 27 原案作成:平湯文夫)

少し離れるが)。広さは普通教室4室分のスペースで,正方形に近い形をしており,およそ1教室分をカウンター,司書コーナーに充て,1教室分の楽しみ読みエリア,2教室分の調べ学習エリアで構成され,同時に2クラスが調べ学習ができるよう計画されている。調べ学習におけるコンピュータ利用との関連を考慮して,コンピュータ室が隣接している(図7-1参照)。収容冊数は,絵本2,340冊,読みもの2,720冊,調べ学習用9,370冊,カウンターバック2,340冊などで総計約18,000冊が可能となっており,この規模の蔵書が経常的に維持していければ魅力ある学校図書館として教育力を活かせよう。牛久市では全校に学校司書が配備されている。

最近,まちづくりの観点から,"地域まるごと図書館"を標榜する例がある。その視点を借りれば,"学校まるごと図書館"というアイデアも考えられる。学校図書館を要にして,各学級に備える学級文庫は当然として,特別教室やランチルームなど,学校内の随所に図書資料を備え手軽に本が手にできるようにする,ICTの技術や校内LANを活用して,各教室からの資料・情報検索,使いたい資料の予約ができる,といった環境を整備することを,学校の教育計画に則った学校づくりの一環として進めることができれば,と思う。

当然,普通教室1～2教室分くらい,というこれまでの図書室の固定観念は大きく修正されねばならない。ここでも学校図書館づくりは学校づくり,という観念を校内の共通認識にしていくことが必要である。

7.4 自治体の図書館行政と学校図書館

　学校図書館の教育力を大きくするうえで，地域の公立図書館との組織的連携，図書館ネットワークを駆使することが重要であり，地域によい図書館があることは学校図書館にとっても大事なことであることを先に述べた。一つの自治体にとって，公立図書館と学校図書館とのそれぞれを充実したものとする行政上の関係を考えてみよう。

　通常，公立図書館を所管するのは教育委員会の社会教育部（課）もしくは生涯学習部（課）であり，学校図書館は学校指導部（課）が所管していて，両者の一体性，連関は概して希薄である。「図書館のまち」を標榜する自治体の学校図書館が，同じように充実しているとは必ずしも言えないケースもある。学校図書館の整備が行政課題として顕在化していなかった1970〜80年代頃には，その傾向は強かったが，学校図書館への人の配置が取り上げられるようになると，学校司書を公立図書館から派遣する形や，公立図書館に学校図書館支援センター機能をもたせるなど，両者の関係を行政施策上でも考慮する動きも生まれる。両者の協力・連携を強めるうえで，公立図書館の整備・振興と学校図書館の整備を所管の違いを越えて関連づけ，進めることが必要である。

　しかし現実には，公立図書館の管理運営を指定管理者に委ねるなど，外部化する動向，あるいは「地方教育行政の組織及び運営に関する法律」（地方教育行政法）第23条の職務権限の特例規定を根拠に，生涯学習や社会教育に関する事務を首長部局に委ねる自治体も微増しており，その関連で公立図書館の所管を教育委員会から切り離す例も散見される。それに

よって，ともに子どもたちの学びをつくるという側面があいまいになり，学校図書館との連携や学校支援の事業が弱くなることは憂慮される。

その場合，教育委員会を学校行政に特化するのだと説明されることもあるが，それは「教育」という概念そのものの矮小化であり，生涯学習者を育むという図書館の教育力を学校から引き離し，疎外するものであって，決して好ましいことではない。

7.5 国の行財政上の課題

十分かどうか，その内容にわたる評価の是非はともかく，国（文科省）の学校図書館についての行政施策が見えるものになってきたこと，その転機が1993年にあったことを本書の前半で指摘した。幾度かに及ぶ学校図書館法の改正においても，積極的に学校図書館の整備に結びつくような（プラス志向の）改正は，1997年と2014年改正が初めてといっても過言ではない（2014年改正を全面的に是とするものではないが）。その動きを生み出した原動力が主として学校図書館の現場に近いところとその担い手，あるいは自治体の努力にあり，それが国の施策をも動かすことになったという点が特徴的で，重要である。

本来，権力的な指導行政にはなじみにくい（学校）図書館行政においては，この関係は大事であり，望ましいことである。ことが変わるために国の施策が重要なことは当然であるが，その変わるべき方向を示すのは図書館現場における実践の成果の厚みと検証にある，という基本はこれからも大事に

していかねばならない。それを前提に，あえて国レベルの行財政上の課題にも触れておこう。

(1) 学校図書館の基準

　国の行政施策を進めるにあたって，目指すべき目標，達成の目安などを示すものとして整備基準がある。基準には規制力を備えたもの，施策上の参考にとどまるもの，とタイプの違いがあるが，学校図書館に関する国の策定した基準には規制力の伴ったものは存在しない。「学校図書館基準」と呼ばれるものは現存するが，戦後初期の学校図書館の制度化の時期に施策の目安としてつくられ，最終改正が1959年という半世紀も以前のものにとどまっている。

　いたずらに高い目標値の設定を待望することに主眼を置くのは好ましくないが，現場の実践の先端部分が一定の実態を創り出し，それを敷衍化し全体の上昇を奨励する公的基準となり，それが到達すべき最低線として現場に還流する，という性格のサービス基準策定は，事業の日常にとって有効かつ必要なものである。実現に半世紀近くを要したが，公共図書館について現存する図書館法第7条の2に準拠する，いわゆる「望ましい基準」がそういうものとして存在する。学校図書館についてもそうした「望ましい最低基準」(変な表現だが)といったものが策定されることが必要である。そういう基準がつくれるような実態の創出が，まずは先決でなければならないが。本来「規制」という観念になじまない教育や文化行政の分野で，助成作用の指標の設定を国の規制になるとして回避する（特に数値目標の設定を避ける）というのは，行政の本来果たすべき責任の放棄である。

7章　これからの学校づくりと学校図書館

(2) 既存の基準の是正

学校図書館基準のほかに現存する基準（標準，政令）について，早期に是正すべき課題として，「司書教諭の設置の特例」を規定した政令の「11学級」という規定がある。本来その存在が「学校図書館の専門的職務を掌る」上で不可欠だというのであれば，学校規模で配置が猶予されるのは学校差別であり，平等の原則に反することである。現実的な措置として，著しい小規模校にまでは，ということが仮に許されるとしても，その実態が小・中学校のほぼ半数に相当するとなれば，これはとうてい説明のつくレベルの問題ではない。配置の猶予を認めるとしても，せめて「5学級以下」にまでは速やかに是正すべきである。

7.6 学校図書館専門職員制度の将来展開

最後に，学校図書館の整備・振興にかかわる最大の懸案課題である学校図書館専門職員の制度設計と配置の問題を取り上げる。それは2014年改正学校図書館法が，法の施行者である文科省に早急の検討と措置を求めている課題でもある。

2014年の法改正の国会審議を通じて，その必要性にはほとんど異論はないものの，法改正を成立させるために政治的に妥協し，懸案のすべてを附則や附帯決議にまわすことで終息した専門職員（学校司書）配置にかかわる課題には次の事項がある。

(1) 改正では努力義務にとどまった学校司書配置の義務化と配置促進の方策
(2) 法第6条に「専ら学校図書館の職務に従事する」とあ

る「専ら」の明確化
(3)　改正法の附則で「専門的知識及び技能を必要とするもの」とまでは表現された学校司書の専門的職務の明確化
(4)　法に既に規定のある司書教諭と，新たに規定した学校司書との関係，職務区分
(5)　学校司書の任用，身分，勤務条件の整備
(6)　学校司書の資格要件と養成方法

　学校司書をすべての学校に必ず配置するということには，それを否定する論拠は何もない。ことはしごく単純で，それに必要な予算の計上を政治的に決断するかどうかだけの問題である。そのためには本書で繰り返し強調してきたように，学校図書館には専任でその職務に専念できる有為な専門職員が必要だし，そういう人を得ることで学校図書館が学校教育の充実に確実につながることを実証する実践を一層広くつくり出すことに尽きる。ここではそのうえでの問題を取り上げる。

　学校司書を学校の新たな教育専門職員として，できるだけ高いレベルでの位置づけをもつものとして制度的につくろうとすると，現行法の職員規定には基本的な矛盾がある。そこで大きな課題になるのは，既に学校図書館法に「専門的職務を掌る」ものとして制度化されている司書教諭との関係をどう整合するかである。

　2014年改正法は，学校図書館に司書教諭と学校司書の二職種を並置することを明らかにした。司書教諭は，その資格を取得した教諭の充て職で，「学校図書館の専門的職務を掌る」と法に明記されてはいるが，その職務に専念することはほとんど不可能な職である。学校司書は，その内実は今後の検討

に委ねられているが，専門的な仕事に専ら従事することはおおむね了解された職である。

この二職の関係を考える際，二つの視点がある。一つは，「人」に関する長年の実態が生み出した歴史的所産と捉え，一応は二職種配置を前提としつつ，当面の在り方を検討し，より将来的には別異な在り方も含めて展望するものである。二つ目は，二職種並置を積極的に所要のものとして捉えていこうとする考え方である。この問題についての筆者の見解は，2014年の法改正直後に執筆した別稿で詳述したので，ここでは結論的な言い方にとどめる[2]。

小規模な図書館である学校図書館に二種の異なる専門職員をあえて並置する積極的な理屈は成り立たない。それは1970年代の法改正の動きに際して衆議院法制局が示したように，法制上も難がある。両者の違いをよほど明確に区分しなければ，二職種並置の根拠を論理的に説明することは困難である。そうなると，既に法に明記されている「学校図書館の専門的職務を掌る」という司書教諭の職務をどういう内容として把握するか，が焦点にならざるを得ない。

「学校教育の充実」に資する学校図書館のはたらきを学校に必須のものと捉え，それを具体化するための「専門的な職務」を担う職員の必置をすべての学校にあまねく制度化するには，その仕事を本務と自覚し，専念できる体制を構築しなければならない。とうてい兼務や片手間でこなせることではない。それには単一の専門職種で，必要とあれば複数配置とすることが最も理に適う。本書の前半でも詳述してきたように，これまで制度的な位置づけをまったく欠く条件の中で，学校の現場に図書館活動の実態をつくり出し，学校教育の充

実を教員とともに模索し，創出してきた学校司書を新たな教育職員として位置づけていこうとするとき，この「専門的職務を掌る」任を学校司書に充てるのは当然のことである。

司書教諭はこれまで法制上，「学校図書館の専門的職務を掌る」とされてきたが，それを果たせる条件をまったくもたないうえに，その任に就く人がほとんど不在であったために，これが司書教諭だという共通イメージを確立できないまま現在に至っている。それは当事者の問題ではなく，法制上の過誤であり，法制定時の妥協に根があることで，もともと無理な内容であったことをこの際清算することが必要である。教師は授業をすることが本務の職であり，「図書館の専門的職務」を担うことを予期されたものではないし，大方の教員はそれを望んでもいない[3]。

では，法に必置としての定めのある司書教諭をどのような役割として学校運営，図書館経営上に位置づけるか。司書教諭を否定的に考えるのではなく，学校司書とは別異な役割を担うものとして差別化し，両者のより好ましい，学校教育にとって必要な関係を構築していく課題を考えることがいま重要である。

教員資格をベースに，学校図書館に関していくらかの学習を積んだ司書教諭に最も強く期待される役割は，「学校図書館の専門的職務」においてではなく，学校図書館を学校教育全般の中で利活用する状況をどう創り出すか，という運営・経営的な側面にシフトし，よく整備された学校図書館が機能することで，学校教育がいかにその教育力を高め得るかを具体化する条件・環境整備にその役割を求めることである。それは学校図書館が教育課程の展開に参画し，日常的な個別の

利活用を通して教育や学習の成果を生み出すには，そのことの意義と重要性を学校全体の中で共通の認識・理解として醸成することが不可欠だからであり，その任は教師の専門性に立脚し，教師としての一定のキャリアと学校運営についての見識を備えたものにこそ望まれる役割である。カリキュラムの編成，整備にあたる教務主任と並ぶような位置づけの「図書館主任」(仮称) が考えられる。こうした司書教諭像は，現にその資格を有する教員にも理解しやすいし，受け入れやすい方向であろう。

かつて学校図書館の草創期には，そういう力量のある教師が図書館主任を務める学校（特に高校において）が少なからずあった。彼らは校内で弱い立場の学校司書にとって最も強力な理解者であり，サポーターであった。名称は「司書教諭」にこだわることはないだろうが，内実をそのような存在として捉えることが学校司書との差別化にあたって必要である。誤解を避けるためにあえて言えば，司書教諭と学校司書を上位―下位の関係に置き，学校司書を司書教諭の補助職と位置づける方策はこれまでの長年の法改正運動において既に否定されたものであり，ここで「主任」という表現をした中にそうした要素はまったく想定していない。教師主体の社会である学校において，学校司書を新たな教育専門職として支え，育む役割も，司書教諭には強く期待したいことである。

新たに制度設計の課題に迫られる学校司書のこれからについては，学校図書館の教育力を十分に活かし，教師と協力・連携して学校教育の充実，子どもたちの豊かな学びの実をつくり出すことに従事できる条件をできる限り高める方向で，その資格要件，養成教育，研修体制をつくり上げていくこと

が差し迫って重要である。そのことにおいて安易な妥協や遠慮は禁物である。2014年法改正でも論点に上がった学校司書の配置義務をめぐっては，規制緩和の観点から，自治体が自主的に進めてきた取り組みに対して，国が全国一律の線を打ち出すことを避けたい，という考え方も施策サイドには予想されるが，それは決して地方教育行政の自治や主体性を尊重することではない。学校司書に求める資格要件についても同様である。前項の基準のところで述べたように，望ましい教育の成果を目指すための，最低限満たすべき国としての責務であると考えるべきであり，ここで必要な「規制」を回避することは，公的責任の放棄である[4]。

　制度設計の内容についての筆者の考えは，前掲の拙論に即して，結論的なまとめのみを掲げるにとどめる。

　新たに制度化する学校司書は，図書館の専門職員としての専門的知識・技能と，学校の教職員であるための専門性を併せ持つことが必要である。図書館法に基づく司書の資格取得に必要な専門科目を主たるベースにし，それに教員免許に必要な教職専門科目の一部を加味した学習を資格取得の要件とする。現に学校司書を正規職員として雇用している自治体では，司書資格の所持を要件としているケースが最も多く（p.52参照），公立図書館と学校図書館を共通の配置先としているところも少なくない。現行の司書資格はいうまでもなく公共図書館の専門的職員を想定した資格であり，学校図書館についての学習はほとんどしていないので不十分だが，図書館職の専門性を担保する司書資格との共通部分を一定程度もたせ，それに教職科目を加えて，取得総単位数は現行司書の24単位に揃えることが，ベストとは言えないまでも現実的である。

図書館法に拠る「司書」が図書館の専門的職員として存在することを前提とすれば，新たな学校司書を法定する際，資格取得の必要単位数をそれ以上とすることも以下とすることも，まったく論拠をもたない[5]。

養成は司書教諭課程をもつ大学，司書課程をもつ大学の双方で，新たに学校司書資格取得の課程を設け，共通科目をある程度認めて開講するのが妥当であろう。司書資格を取得する教育の問題点は少なからずあるが，現時点ではとりあえずその現実を踏まえて，あまりそれを無視した高望みは避け，司書と同程度の資格として考えることが当面の制度設計として整合性をもつ。

現に「学校司書」として勤務する人については，その内実があまりに多様なので，すべての該当者を何とかしようと一律の移行を考えることは好ましくない。移行可能なレベルを明示し，それに該当する人については期限を限定して暫定的に講習等で所要単位を履修する方法をとることがよいだろう。

司書教諭については，先に述べたような役割と学校における位置づけを前提にすれば，現行の教育レベルを続けることでよいと思う。

繰り返しになるが，学校図書館がその教育力を発揮し，学校教育の革新に通ずるはたらきを具現化できる日常が，すべての学校において生まれるよう，その内実を担える専門家を早期に学校に配備できることを重視し，現実的に，かつ要点はしっかりおさえた制度設計を図ることが重要である。

最後に，ここまで述べたことを一つの学校図書館運営体制のイメージとして掲げる。

学校図書館には，その専門性を担保する学校司書資格を備えた職員を，正規の専任職員として配置し（学校規模，利用状況に応じて必要となれば複数配置），専門的職務に従事する。教員として相当年数のキャリアを備え，教員集団の中で教師としてのリーダーシップをもつくらいの力量がある教員が司書教諭の資格を取得して，前述のような司書教諭としての任に就き，図書館運営で学校司書と協働する。学校運営全体の中で学校図書館の利活用を積極的に広げるための運営計画，諸方策の立案で司書教諭，学校司書に協力し，サポートする役割として各学年・教科から幾人かの委員が選出され，学校図書館部（委員会）を組織し，それぞれ職員会議や各種研究部等において図書館の活用につき積極的に発言し，理解を広げる役割を担う。こうした体制と運営を，校長をはじめ職員会議が全体として支持し，協力する。

　学校教育を少しでもよりよいものにしようという共通意思の中で，やろうとすれば決してできないことではない，と思う。学校図書館の教育力を活かして学校教育の改革，活性化につなげる当面の，現代における課題として提起したい。

注

1) 高野裕行著『わたしたちの想いをかたちに　ひたち野うしく小学校－学校づくりの軌跡〜設計から開校，そして今を記録』ボイックス　2016年
2) 塩見昇「学校図書館専門職員制度化の課題」『図書館界』66巻6号　2015年3月　p. 382-390
　学校司書の資格付与の養成カリキュラム試案については，この論文を踏まえた日本図書館研究会のワークショップ（2015年8月

30日）で公表し，当日の論議に供した。その内容は『図書館界』67巻5号（2016年1月）の「ワークショップ報告」に掲載。
3）筆者はこれまで司書教諭講習を担当した際，講義の最後に，受講者（ほとんどが現職教員）に対し，「もしあなたが学校図書館の仕事に主として従事することを求められれば，それを受けますか」と尋ねてきた。その結果はほとんどが「受けない」であり，教師としてはやはりクラスを持ち，授業をしたい，その上で学校図書館の仕事もできる範囲で協力したい，これまで以上に図書館とかかわっていきたい，という回答だった。当然であり，健全な考えだと思う。逆に，これを機に図書館に専念したいという教師がいれば，むしろその真意に不安を覚える。「授業に自信を失った」教師が司書教諭に就いても，決してここで述べたような役割を果たすことはできないだろうからである。
4）文科省の「学校図書館の整備充実に関する調査研究協力者会議」第8回〈2016年8月30日〉に出された検討資料「これからの学校図書館の整備充実について」（報告）素案において，学校司書の職に就く人の資格要件について，次のような見解が示されている。

　1998年5月29日閣議決定の「地方分権推進計画」が，ある種の職務に関して「一定の学歴・経験年数を有することや一定の講習を受けることは望ましいことではあるが，このような基準は本来任命権者において判断される」ことであり，「職に就くための資格として全国的に一律の義務付けを行うことは，国民の生命・健康・安全に関わる，法令で定める専門的な講習を除き，適当ではなく，これを存置する場合にはガイドラインとする」としていることを論拠に，学校司書の職務は国民の生命・健康・安全に関わるものではないこと，現に地方公共団体が学校司書の採用条件として34.6％しか資格や経験年数を求めていない事実を踏まえ，学校司書に何らかの資格を全国的に一律の義務付けを行うことは適当でない。

これは新たに法制化された学校司書の資格要件を考える会議の提起の中で，ここで示す資格を備えた人を学校司書として学校に配置するかどうかは，雇用自治体が独自に判断することであり，国としての一律指導は規制緩和の観点からやりません，という意思表明の文書である。これで国会決議に誠実に応えることになるのか。「生きる力」の育成を学校教育の大きな目標に据え，その中で「欠くことのできない」施設である学校図書館の整備を考えようとするとき，それは「国民の生命・健康・安全」とはかかわりのないことだ，と言いきるセンスを含めて，文科省の教育行政の基本ポリシー，学校図書館整備への基点が問われる提起である。十分な論議が必要である。

5) 4)に掲げたのと同じ資料において，文科省は学校司書の資格取得に係るモデルカリキュラムを提示している。「学校司書が学校図書館の職務を遂行するにあたって，履修していることが望ましいもの」であるが，注4)の趣旨から，あくまで国として参考に供する「モデル」案にとどまることを強調している。これも奇妙なことであろう。修得に必要な単位数を既存の司書資格と同じ24単位としている点は理に適っている。

参考文献

塩見昇著『教育としての学校図書館』青木書店　1983 年
塩見昇著『日本学校図書館史』全国学校図書館協議会　1986 年
塩見昇・土居陽子著『学校司書の教育実践』青木書店　1988 年
塩見昇著『学校図書館職員論』教育史料出版会　2000 年
塩見昇編著『教育を変える学校図書館』風間書房　2006 年

荒瀬克己著『奇跡と呼ばれた学校』朝日新聞出版　2007 年
石井英真著『今求められる学力と学びとは―コンピテンシー・ベースのカリキュラムの光と影』（日本標準ブックレット　NO. 14）日本標準　2015 年
（岡山市学校司書）編『本があって人がいて－岡山市・学校司書全校配置への道』教育史料出版会　1994 年
（同）編『学校図書館はどうつくられ発展してきたか－岡山を中心に』教育史料出版会　2001 年
学校図書館を考える会・近畿編『学んだ，広げた，「学校図書館」－考える会・近畿 20 年』学校図書館を考える会・近畿　2012 年
学校図書館問題研究会編『教育を変える学校図書館の可能性』教育史料出版会　1998 年
学校図書館問題研究会編『学校司書って，こんな仕事』かもがわ出版　2014 年
教育科学研究会編『学力と学校を問い直す』（講座・教育実践と教育学の再生　第 3 巻）かもがわ出版　2014 年
斎藤孝著『教育力』岩波書店（新書）　2007 年

東京大学教育学部編『カリキュラム・イノベーション－新しい学びの創造へ向けて』東京大学出版会　2015年

中村百合子著『占領下日本の学校図書館改革－アメリカの学校図書館の受容』慶應義塾大学出版部　2009年

西原博史著『良心の自由と子どもたち』岩波書店（新書）　2006年

日本図書館協会学校図書館問題プロジェクトチーム報告「学校図書館専門職員の整備・充実に向けて」『図書館雑誌』1993年3月

日本図書館情報学会編『学校図書館メディアセンター論の構築に向けて』勉誠出版　2005年

山形県鶴岡市立朝暘第一小学校著『図書館をつくる　学校を変える』全国学校図書館協議会　2004年

渡辺重夫著『子どもの権利と学校図書館』青弓社　1993年

文部科学省（協力者会議）報告書

『これからの学校図書館の活用の在り方等について』2009年3月

『これからの学校図書館担当職員に求められる役割・職務及びその資質能力の向上方策等について』　1914年3月

『図書館政策資料 XV　学校図書館関係資料 2』日本図書館協会　2015年

VTR『本があって人がいて』Ⅰ，Ⅱ　岡山市学校図書館メディア政策委員会　1991年，2001年

資料編

学校図書館法

〔昭和28年8月8日　法律第185号　最近改正　平成26年6月27日法律第93号〕

（この法律の目的）

第1条 この法律は，学校図書館が，学校教育において欠くことのできない基礎的な設備であることにかんがみ，その健全な発達を図り，もつて学校教育を充実することを目的とする。

（定義）

第2条 この法律において「学校図書館」とは，小学校（特別支援学校の小学部を含む。），中学校（中等教育学校の前期課程及び特別支援学校の中学部を含む。）及び高等学校（中等教育学校の後期課程及び特別支援学校の高等部を含む。）（以下「学校」という。）において，図書，視覚聴覚教育の資料その他学校教育に必要な資料（以下「図書館資料」という。）を収集し，整理し，及び保存し，これを児童又は生徒及び教員の利用に供することによつて，学校の教育課程の展開に寄与するとともに，児童又は生徒の健全な教養を育成することを目的として設けられる学校の設備をいう。

（設置義務）

第3条 学校には，学校図書館を設けなければならない。

（学校図書館の運営）

第4条 学校は，おおむね左の各号に掲げるような方法によつて，学校図書館を児童又は生徒及び教員の利用に供するものとする。

一　図書館資料を収集し，児童又は生徒及び教員の利用に供すること。
　二　図書館資料の分類排列を適切にし，及びその目録を整備すること。
　三　読書会，研究会，鑑賞会，映写会，資料展示会等を行うこと。
　四　図書館資料の利用その他学校図書館の利用に関し，児童又は生徒に対し指導を行うこと。
　五　他の学校の学校図書館，図書館，博物館，公民館等と緊密に連絡し，及び協力すること。
2　学校図書館は，その目的を達成するのに支障のない限度において，一般公衆に利用させることができる。

（司書教諭）
第5条　学校には，学校図書館の専門的職務を掌らせるため，司書教諭を置かなければならない。
2　前項の司書教諭は，主幹教諭（養護又は栄養の指導及び管理をつかさどる主幹教諭を除く。），指導教諭又は教諭（以下この項において「主幹教諭等」という。）をもつて充てる。この場合において，当該主幹教諭等は，司書教諭の講習を修了した者でなければならない。
3　前項に規定する司書教諭の講習は，大学その他の教育機関が文部科学大臣の委嘱を受けて行う。
4　前項に規定するものを除くほか，司書教諭の講習に関し，履修すべき科目及び単位その他必要な事項は，文部科学省令で定める。

（学校司書）
第6条　学校には，前条第1項の司書教諭のほか，学校図書館の運営の改善及び向上を図り，児童又は生徒及び教員による学校図書館の利用の一層の促進に資するため，専ら学校図書館の職務に従

事する職員(次項において「学校司書」という。)を置くよう努めなければならない。

2 国及び地方公共団体は,学校司書の資質の向上を図るため,研修の実施その他の必要な措置を講ずるよう努めなければならない。

(設置者の任務)

第7条 学校の設置者は,この法律の目的が十分に達成されるようその設置する学校の学校図書館を整備し,及び充実を図ることに努めなければならない。

(国の任務)

第8条 国は,第6条第2項に規定するもののほか学校図書館を整備し,及びその充実を図るため,次の各号に掲げる事項の実施に努めなければならない。

一 学校図書館の整備及び充実並びに司書教諭の養成に関する総合的計画を樹立すること。

二 学校図書館の設置及び運営に関し,専門的,技術的な指導及び勧告を与えること。

三 前二号に掲げるものの外,学校図書館の整備及び充実のため必要と認められる措置を講ずること。

　　附　則　[抄]

(施行期日)

1 この法律は,昭和29年4月1日から施行する。

(司書教諭の設置の特例)

2 学校には,平成15年3月31日までの間(政令で定める規模以下の学校にあつては,当分の間),第5条第1項の規定にかかわらず,司書教諭を置かないことができる。

　　附　則(平成26年6月27日法律第93号)

(施行期日)

1 この法律は,平成27年4月1日から施行する。

(検討)

2 国は,学校司書(この法律による改正後の学校図書館法(以下この項において「新法」という。)第6条第1項に規定する学校司書をいう。以下この項において同じ。)の職務の内容が専門的知識及び技能を必要とするものであることに鑑み,この法律の施行後速やかに,新法の施行の状況等を勘案し,学校司書としての資格の在り方,その養成の在り方等について検討を行い,その結果に基づいて必要な措置を講ずるものとする。

学校図書館法附則第2項の学校の規模を定める政令
(平成8年6月11日政令第189号)

内閣は,学校図書館法(昭和28年法律第185号)附則第2項の規定に基づき,この政令を制定する。

学校図書館法附則第2項の政令で定める規模以下の学校は,学級の数(通信制の課程を置く高等学校にあっては,学級の数と通信制の課程の生徒の数を300で除して得た数(1未満の端数を生じたときは,1に切り上げる。)とを合計した数)が11以下の学校とする。

　　　附　則
この政令は,公布の日から施行する。

ユネスコ学校図書館宣言
すべての者の教育と学習のための学校図書館

　学校図書館は，今日の情報や知識を基盤とする社会に相応しく生きていくために基本的な情報とアイデアを提供する。学校図書館は，児童生徒が責任ある市民として生活できるように，生涯学習の技能を育成し，また，想像力を培う。

学校図書館の使命
　学校図書館は，情報がどのような形態あるいは媒体であろうと，学校構成員全員が情報を批判的にとらえ，効果的に利用できるように，学習のためのサービス，図書，情報資源を提供する。学校図書館は，ユネスコ公共図書館宣言と同様の趣旨に沿い，より広範な図書館・情報ネットワークと連携する。

　図書館職員は，小説からドキュメンタリーまで，印刷資料から電子資料まで，あるいはその場でも遠くからでも，幅広い範囲の図書やその他の情報源を利用することを支援する。資料は，教科書や教材，教育方法を補完し，より充実させる。

　図書館職員と教師が協力する場合に，児童生徒の識字，読書，学習，問題解決，情報およびコミュニケーション技術の各技能レベルが向上することが実証されている。

　学校図書館サービスは，年齢，人種，性別，宗教，国籍，言語，職業あるいは社会的身分にかかわらず，学校構成員全員に平等に提供されなければならない。通常の図書館サービスや資料の利用ができない人々に対しては，特別のサービスや資料が用意されなければならない。

　学校図書館のサービスや蔵書の利用は，国際連合世界人権・自由

宣言に基づくものであり，いかなる種類の思想的，政治的，あるいは宗教的な検閲にも，また商業的な圧力にも屈してはならない。

財政，法令，ネットワーク

　学校図書館は，識字，教育，情報提供，経済，社会そして文化の発展についてのあらゆる長期政策にとって基本的なものである。地方，地域，国の行政機関の責任として，学校図書館は特定の法令あるいは施策によって維持されなければならない。学校図書館には，訓練された職員，資料，各種技術および設備のための経費が十分かつ継続的に調達されなければならない。それは無料でなければならない。

　学校図書館は，地方，地域および全国的な図書館・情報ネットワークを構成する重要な一員である。

　学校図書館が，例えば公共図書館のような他館種図書館と設備や資料等を共有する場合には，学校図書館独自の目的が認められ，主張されなければならない。

学校図書館の目標

　学校図書館は教育の過程にとって不可欠なものである。

　以下に述べることは，識字，情報リテラシー，指導，学習および文化の発展にとって基本的なことであり，学校図書館サービスの核となるものである。

・学校の使命およびカリキュラムとして示された教育目標を支援し，かつ増進する。
・子ども達に読書の習慣と楽しみ，学習の習慣と楽しみ，そして生涯を通じての図書館利用を促進させ，継続させるようにする。
・知識，理解，想像，楽しみを得るために情報を利用し，かつ創造する体験の機会を提供する。

・情報の形式，形態，媒体が，地域社会に適合したコミュニケーションの方法を含めどのようなものであっても，すべての児童生徒が情報の活用と評価の技能を学び，練習することを支援する。
・地方，地域，全国，全世界からの情報入手と，さまざまなアイデア，経験，見解に接して学習する機会を提供する。
・文化的社会的な関心を喚起し，それらの感性を錬磨する活動を計画する。
・学校の使命を達成するために，児童生徒，教師，管理者，および両親と協力する。
・知的自由の理念を謳い，情報を入手できることが，民主主義を具現し，責任ある有能な市民となるためには不可欠である。
・学校内全体および学校外においても，読書を奨励し，学校図書館の資源やサービスを増強する。

以上の機能を果たすために，学校図書館は方針とサービスを樹立し，資料を選択・収集し，適切な情報源を利用するための設備と技術を整備し，教育的環境を整え，訓練された職員を配置する。

職員

学校図書館員は，可能なかぎり十分な職員配置に支えられ，学校構成員全員と協力し，公共図書館その他と連携して，学校図書館の計画立案や経営に責任がある専門的資格をもつ職員である。

学校図書館員の役割は，国の法的，財政的な条件の下での予算や，各学校のカリキュラム，教育方法によってさまざまである。状況は異なっても，学校図書館員が効果的な学校図書館サービスを展開するのに必要とされる共通の知識領域は，情報資源，図書館，情報管理，および情報教育である。

増大するネットワーク環境において，教師と児童生徒の両者に対

し，学校図書館員は多様な情報処理の技能を計画し指導ができる能力をもたなければならない。したがって，学校図書館員の専門的な継続教育と専門性の向上が必要とされる。

運営と管理

効果的で責任のもてる運営を確実にするためには，

・学校図書館サービスの方針は，各学校のカリキュラムに関連させて，その目標，重点，サービス内容が明らかになるように策定されなければならない。
・学校図書館は専門的基準に準拠して組織され，維持されなければならない。
・サービスは学校構成員全員が利用でき，地域社会の条件に対応して運営されなければならない。
・教師，学校管理者幹部，行政官，両親，他館種の図書館員，情報専門家，ならびに地域社会の諸団体との協力が促進されなければならない。

宣言の履行

政府は，教育に責任をもつ省庁を通じ，この宣言の諸原則を履行する政策，方針，計画を緊急に推進すべきである。図書館員と教師の養成および継続教育において，この宣言の周知を図る諸計画が立てられなければならない。
(1999年11月　第30回ユネスコ総会において批准，原文：英語)

（長倉美恵子，堀川照代共訳）

実践から「学校図書館の教育力」を考える〈アンケート集計〉

(北村幸子編　学校図書館を考える会・近畿　2010年)

		項目名	回答（具体的な実施例）
1	知的好奇心を刺激する多様な学習資源の選択可能性	蔵書構築	＊幅広い分野の資料構築をはかる：学年毎の学習計画を知り，教科に関わる資料の充実に努める ＊知的好奇心をもつ子どもたちが様々な分野，タイプの本に出会えるように，広い視野での選書を心がける ＊授業につながる資料だけでなく，興味が広がる資料の収集
		サインの充実	＊カウンター後ろの壁面に大きなNDC（日本十進分類法）表を掲示し，それに対応したサインを書架上に置き，天井からもつり下げる ＊分類サインの明記：利用者が自ら探しやすい大きめのサインと色による識別 ＊利用者が自分で本を探せるようにサインの工夫とともに「分類」についての説明等も表示
		館内案内図 (図書館の地図)	＊館内図を入口近く壁面に掲示する：折にふれ，それを参考に配架を示したり，自分で探すことを促す ＊オリエンテーションで「図書館の地図」を配布し，それをもって館内を巡る時間をとる
		配架の工夫	＊参考図書コーナーは子どもたちが調べる時には，いつでも支援できるようにカウンターの近くに設置 ＊雑誌は1年間は雑誌架。その後，調べ学習に活用できるように関連分類の棚へ ＊パンフレット類も項目別にファイルし配架 ＊<高校>話題書の配架：低書架の上に映画で話題となったものなど別置
		本の案内ファイル作成	＊予約コーナーに常備し，子どもたちがさまざまな書誌情報から興味ある本をみつけだせるように努める
			＊子どもの興味に沿う本，季節・行事関連等の

		展示コーナーの充実	テーマ，実物や関連本など，さまざまなアプローチから展示 ＊テーマ展示（幅広い分野から集める）について図書館だよりで紹介（PR） ＊高学年の図書の時間に「今週のおすすめ」を紹介 ＊<高校>視覚的資料の展示：絵本やコミック，写真集などは，目立つように面出し展示など工夫 ＊<高校>新刊書の平積み：入口付近には新刊書を平積みにして一定期間展示
		情報収集・発信	＊近隣の美術館，博物館などの催しもののチラシを掲示（情報提供），関連資料を展示することもある
2	体系的、組織的なコレクションの存在	配架	＊日本十進分類法で分類・配架し，利用者が資料を探しやすいよう書架サインを工夫 ＊<高校>文系・理系別配架：人文系図書群と自然科学系図書群に分けて配架，案内表示 ＊<高校>単行本・新書の同一配架 ＊<高校>美術書などの大型本と文庫以外は同一箇所に配架，分散を防ぎ探しやすくする
		資料構築	＊計画的購入 ＊全教職員が関わる選書（購入希望図書を募る，学年毎に必要な資料を選ぶ） ＊学校全体で購入資料について検討する機会を増やす。長期的な視野で資料充実に努力 ＊多学年で活用される学習資料は，特に多様な内容やレベルを心がけて選書 ＊書店の特色を活かした購入 ＊教育目標や学習計画を考慮した選書 ＊読みつがれている本，レファレンス資料など蔵書を確認し更新をはかる。新刊本はより蔵書の幅を広げる選択・収集をめざす。 ＊同テーマについて，多様な視点や表現の資料を揃える。基本的に，調べ学習用の複本は購入しない。 ＊重点的収集：毎年度利用の多い単元（例・働く乗り物，動くおもちゃ，宮沢賢治，広島の原爆等）

			＊自校の特色（多国籍の児童が在籍等）に配慮 ＊教職員用資料の収集，充実 ＊教科書（各教科）も図書館資料 ＊手作り資料。実物資料（授業関連や郷土および子どもの文化を知る資料） ＊新聞記事のファイリング
		利用案内	＊児童用案内・教師用案内を作成
3	個別の要求、ニーズに即したサービス	開館	＊子どもたちが学校にいる時間は開館，学校生活のいろいろな場面で図書館を活用できるように努める
		書架整備	＊司書が的確迅速に資料が探せ，利用者が探しやすいように，書架の整備・整理をする
		貸出サービス	＊利用の目的に応じて柔軟に対応するように努める（貸出の冊数や期間等）
		読書案内・読書相談	＊子どもたちが気軽に相談に来られる雰囲気づくり ＊読書力の個人差が大きいので，個々に応じた対応を心がける ＊通信やブックリスト作成
		レファレンス・サービス	＊利用者の個別の要求，資料選択に応える ＊利用者の課題解決の支援では，市立図書館等の力も借りる ＊丁寧に対応できる個別のレファレンスの機会を大切にしている ＊レファレンスに応える際，ひとりでも見つけられるように「○○の本は何番（分類番号）」と伝える ＊教職員向けレファレンス・カード：職員室の机上に常置し，時々全員に配布しアピール ＊＜高校＞教科教諭から要求のあった本について，教科準備室へ配送，資料リスト作成
		予約サービス	＊主体的な読書や情報入手ができるよう「予約サービス」のPRに努める ＊予約，リクエストされたものは（原則的に）手渡せるよう配慮 ＊予約した本を準備できない（渡せない）場合は，そのことを必ず本人に連絡する

としての相談・援助の営み	リクエストサービス	＊<高校>リクエストは、学習参考書・コミック以外はすべて購入・取り置き・他館借り入れの対象とする	
	展示コーナー，本の紹介コーナー	＊新着本・季節や行事などテーマ展示の工夫，表紙見せ展示 ＊情報コーナー：子どもが自分で捜せるようにブックリスト，ファイル，カタログを常置（予約可能） ＊自校所蔵の人気シリーズの一覧ファイル作成	
	図書館だより	＊図書館からの通信発行：教職員／児童・生徒に配布；図書館行事，新着本や季節，学習，学校行事に関連する本の紹介など多様な情報発信 ＊さまざまなテーマの本を紹介 ＊毎年度始めに「利用案内」配布	
	フロアーワーク	＊個別の利用に対応（読書，調べ学習ともに） ＊利用の様子を見ながら，迷っている子どもに（さりげなく）声をかけたりする ＊「なにかおもしろいものない？」という問いかけへの対応：できる限り一緒に書架へ行き話し合いながら探す	
	オリエンテーション	＊<高校>4月当初に着任者向けに図書館見学とオリエンテーションの実施 ＊<高校>教育実習生に必要な知識をレクチャー。同時に実習中の資料相談に応じる	
	リストの作成	＊読み物のシリーズや著者別のリスト作成	
どこまでも所要	ネットワークシステムの整備	司書連絡会として，関係機関との連携体制を定期的に検討	
	自館の検索機能	＊速やかに検索・提供するためのツール（図書館管理検索ソフト，雑誌，パンフレット検索ツール） ＊<高校>自館蔵書以外に，新刊書，古書などの書誌情報や所在情報をパソコンで検索できる	
	ネットワークシステムの整備	＊箕面市・豊中市・羽曳野市では図書館ネットワークシステム整備：市立図書館とはインターネット予約，学校図書館間はメール予約	

4	のものを探求できる組織性（ネットワークの具備）		＊市立図書館を通じて，近隣の自治体や府立図書館からも資料を借りることができる
		市立図書館，学校図書館間の連携	＊（ネットワークが整備されているので）同一の資料が複数冊必要な時には，（容易に）他校の学校図書館からも借りることができ，各校の所蔵資料を有効に活用 ＊レファレンスが解決できない場合，市立図書館および他校の学校司書に相談する ＊カウンターにレファレンス用紙を置き，学校にない本のリクエストやレファレンスに応える
		利用指導	＊利用者へ図書館ネットワークシステムや「（公共）図書館のはたらき」を伝える ＊5年生オリエンテーション－紙芝居「予約した本が運ばれるまで」で，市9図書館ネットワーク紹介
		レファレンスに関する連携	＊（ネットワーク構築による）市立図書館や他校の学校司書との連携により，レファレンス対応（特に難問の解決）が一層容易に
		類縁機関との連携	＊大阪府立国際児童文学館，博物館等（レファレンス対応のみ） ＊ビデオ教材は，市教育センター所蔵資料を活用できる
	資料・情	パンフレット・冊子・CD・ビデオ類	＊学校への配布資料の収集・整備 ＊司書（連絡）会での情報交換・資料依頼 ＊教職員の収集資料を図書館資料として整備
		ブックリストの作成	＊調べ学習やブックトーク，本の紹介など多様な視点から作成 ＊（教師向け）授業活用資料のリスト（昔話絵本・平和学習などで使う絵本など） ＊夏休みのおすすめ本リスト作成（低・中・高学年向け）
		切り抜き資料収集	＊新聞記事の収集，整備（学習関連記事，児童の興味・関心を高めそうな記事のファイリング）
		授業活用資料の保管	＊校内研修等で職員に紹介し，資料収集の依頼にも努める。資料として使いやすいよう体

5	報のコントロール、再構築そして発信		裁を整える
		子ども作成資料	＊<中学校>授業で作成したレポート，作品を自由閲覧できる（例・1年理科レポート，3年食品調べ，3年家庭科・保育単元の絵本作り等） ＊どのような学習が行われ，どのような発表作品があるかをキャッチするように努める
		図書館だよりの特集	＊新着図書だけでなく、「特集」として多様に本の紹介を行う
		郷土資料	＊小学校で使える資料の収集（司書会や公共図書館との情報交流） ＊大阪府や市発行の資料（パンフレット類）等を収集し，大テーマ別にファイル ＊市や自校に関わる新聞記事等や市広報誌の必要記事を切り抜きファイル
		おすすめの本の紹介	＊掲示／校内放送／図書館便り：（図書委員会活動など）子どもから子どもへのおすすめ ＊読書週間に「みんなにすすめたい本」を募集。応募作品は掲示後に自由閲覧ファイルに綴じる
		新刊情報	＊新しく入った本は，給食の時間に放送を行い，館内で表示している
		教師向けの通信	＊各学年の授業実践などを伝える（司書教諭と共に作成）
6	知的自由、プライバシ	貸出システム整備	＊貸出記録（履歴）が残らないシステム整備
		予約サービス上の配慮	＊予約連絡，督促状の工夫：外から見て，予約か督促か分からない形で連絡する。連絡票には書名は記載しない
		プライバシーの保護	＊個人カードの管理に細心の注意をはらう ＊（本人以外に知られないよう）予約・督促の紙には書名は無記載 ＊児童は，カウンター内に入れない。図書委員も貸出業務はできない。 ＊カウンター（個人情報が満載）内への出入り禁止（図書委員には「プライバシー」の説明をし，許可）

	ーの尊重		＊羽曳野の学校図書館の貸出システムでは，氏名ではなく利用者番号を表示 ＊<高校>貸出五条件の遵守：ブラウン方式による貸出・返却とプライバシーに配慮した貸出記録の厳正管理
		利用者の理解を深める	＊<高校>配布用印刷物に表示：「図書館利用のしおり」や「司書の取扱い説明書」でプライバシーについて触れる
7	学び方、学ぶ力（リテラシー）を身につけた生涯学習者の育	年度初めのオリエンテーション	＊図書館利用の基本事項を学年に応じて説明 ＊学年に応じた分類指導も行なう ＊小・高学年では公共図書館のサービスについて伝える ＊<高校>新一年生向けオリエンテーションを図書館で2クラス一時間で実施
		調べ学習前のガイダンス	＊学年別に利用指導計画をたて実施 ＊年間学習計画や学年便りをチェックしながら，実施時間を教諭と相談
		個々の児童への対応	＊児童の主体的資料探しを援助 ＊楽しみながら調べ方を身につける方法の工夫 ＊わからないことは司書に聞くことも図書館の上手な使い方であることを教える ＊<中学校>（一斉利用指導の機会がほとんどないので）目次や索引の利用，奥付を見て参考資料の出典を控えること，などを調べ学習に来た時に伝える
		調べ学習の援助	＊資料の探し方，検索の仕方の助言 ＊教諭の指導を支援できるように，資料収集・整備に努める ＊<高校>図書館での授業や課題が出された場合，教師と一緒にレファレンス資料の使い方など指導
		レファレンスの際の利用指導	＊個別のレファレンスでは，目次や索引などについて，細やかな利用指導もかねて対応している
		体系的な利用指導	＊それぞれの学年の調べ学習では，各学年・段階に応じた利用指導を行う

	成	参考資料の使い方等	*図鑑・百科事典・年鑑の使い方，出典明記・著作権について説明（学校司書または担当教諭） *図鑑・年鑑・百科事典の使い方についてワークシートを準備，必要に応じて（教師が）利用
		公的学習機関の紹介	*<高校>阪神間の公共図書館・博物館・美術館など学習機関の情報提供と紹介
		「レポートの書き方」配布等	*<高校>レポートにうまく取り組めない生徒に，図書館からのアドバイスをまとめたものを配布

【実践から「学校図書館の教育力を考える」<アンケート集計>】は，「学校図書館を考える会・近畿」連続学習会<2>（2009.10.25）の塩見講演「学校に図書館があることで」の参考資料として作成。

（出典：『学んだ，広げた，「学校図書館」』学校図書館を考える会・近畿，2012.10, p.29-34）

事項索引

●五十音順

【あ行】

愛知県立高校の禁書問題 119
アシャイム, レスター 87, 120
アメリカンセンター 104
生きる力 12, 25, 35, 70, 122, 138
池田知隆 71
牛久市立ひたち野うしく小学校
　.............................. 140-142
横断検索 102, 108
大阪教育大学 56, 114
大土井淑夫 16
岡山県図書館協会 135
岡山市の学校図書館 15-18
オリエンテーション 97

【か行】

課外読み物 6
学習指導要領 25, 28, 58, 65, 105
学習到達度調査 30
学力 28, 31, 34
学力低下 27, 28
課題学習 20
学校 57
　のカベ 58

学校アーカイヴ 113
学校教育法 3
　施行規則 1, 59
学校区図書館 90
学校司書 13, 14, 21, 22, 45, 48,
　51, 95, 101, 138, 146, 150
　雇用 52-54
　資格要件 151
　配置 146, 151
　配置状況 51
　法制化 46, 146
『学校司書の教育実践』 22
学校図書館 ..1, 3, 59, 86, 136, 143, 153
　機能 66
　教育力 .. 73, 75, 78, 81-125, 166-173
学校図書館を考える会 24, 39
学校図書館を考える会・近畿
　........................ 40-43, 56, 79
学校図書館を考える全国連絡会 .. 43
学校図書館議員連盟 44
学校図書館基準 10, 65, 145
学校図書館支援センター
　.......................... 106-107, 143
学校図書館全国実態調査 51
学校図書館専門職員制度 146
学校図書館図書標準 11

174

学校図書館法
 …… 1, 7, 46, 62, 68, 86, 144, 158-161
 1997年改正………………………… 46
 2014年改正………………… 48, 146
 附則2項………………………… 13, 46
学校図書館問題研究会（学図研）
 …………………………………………… 18
学校の文化活動……………………… 116
学校文化…………… 86, 101, 118, 138
鎌倉市立図書館……………………… 70
川井訓導事件………………………… 6
『完全自殺マニュアル』………… 122
北村幸子………………………… 42, 79
義務設置……………………………… 3
教育的配慮………………… 118, 120
『教育としての学校図書館』…… 20
教育力………………………………… 69
教員サポート機能………………… 130
教材選択の自由……………………… 4
教師の教育力………………………… 69
京藤松子…………………………… 104
京都市立堀川高校………………… 127
近代学校制度………………………… 57
検閲…………………………… 87, 120
検定教科書………………………… 3, 58
公共図書館（公立図書館）
 ………………… 1, 72, 103, 133, 139, 143
国際成人力調査……………………… 33
国定教科書……………………… 6, 127
子ども読書推進計画………… 36, 139
子ども読書推進法…………… 35, 44

子どもの読書サポーターズ会議
 ……………………………………… 65, 130
子ども文庫……………………… 39, 133, 139
公立図書館との連携…… 67, 133, 143
これからの学校像…………… 12, 25

【さ行】
斎藤孝………………………………… 69
司書教諭…… 12, 37, 46, 146, 147-150
司書教諭講習………………… 10, 154
司書資格……………………… 52, 151
指定管理者制度…………………… 143
主権者教育……………………… 35, 45
生涯学習……………………… 10, 92
生涯学習者の育成‥ 78, 122-125, 144
小学校建設図………………………… 5
情報化………………………… 11, 37
情報格差…………………………… 124
情報教育……………………… 37, 132
情報リテラシー……………… 38, 123
調べ学習……… 64, 104, 109, 128, 142
資料展示……………………… 109, 110
新刊図書……………………………… 87
新教育………………………………… 5
新着図書コーナー………………… 109
新聞…………………………………… 45
戦後教育（改革）…………………… 6
全国学力・学習状況調査…………… 33
全国学校図書館協議会（全国SLA）
 ……………………………………… 15, 23
選択…………………………… 87, 120

総合的な学習の時間
　　………… 13, 26, 32, 105, 113, 116

【た行】

大正自由教育 ………………8, 28, 127
高木享子………………………………95
滝野町（兵庫県）……………………112
確かな学力……………………………33
田中昌弥………………………………34
探究学習………………………… 34, 127
地域の教育力……………………70, 139
知的自由……………… 78, 87, 116, 118
地方教育行政法………………………143
地方財政措置………………… 11-13, 45
地方分権推進計画……………………154
チームとしての学校……………101, 137
中央教育審議会（中教審）
　　………………………… 10, 101, 137
　1996 年答申……………………11, 37
鶴岡市立朝暘第一小学校……………127
『徒然草』……………………………81
土居陽子………………………… 22, 41
東京学芸大学…………………………130
読書…………… 11, 35, 76, 81, 86, 120
読書記録………………………………120
読書離れ………………………… 35, 83
特別教室………………………………60
図書委員会（生徒）…… 68, 109, 116
図書館（運営）委員会
　　………………………… 122, 134, 153
図書館活動………………………63, 102
図書館教育……………………64, 123-124
図書館行政……………………… 143, 144
図書館サービス………………………94
図書館事業基本法……………………44
図書館蔵書…………………… 76, 87, 90
図書館ネットワーク………………77, 102
図書館の自由…………………… 118, 121
図書館の自由に関する宣言……78, 116
図書館法………………………………1, 145
図書館ボランティア…………………139
図書館問題研究会（図問研）………18
『図書館よ，ひらけ』………………23
図書館リテラシー……………………132
図書館利用教育（利用指導）
　　………………………………… 123, 132
図書議員連盟…………………………43
図書室………………………5, 61, 94, 142
図書室登校……………………………73
図書整備 5 か年計画……………11, 13
図書の時間…………… 64, 97, 98, 123
読解力…………………………………30
読解力向上プログラム………… 30, 32
トピックコーナー……………………109
豊中市………………………………23, 41

【な行】

二職種並置……………………………147
日本教育学会…………………………71
日本教職員組合（日教組）…………29
日本図書館協会………………………116
根本彰…………………………………34

望ましい基準 …………………… 145

【は行】
『はだしのゲン』 …………………119
『ぱっちわーく』 ………………… 53
肥田美代子 ……………………… 44
フィンランドの教育 …………… 32
深川恒喜 ………………………… 68
附帯決議 ………………………… 49
普通教室 ………………………… 60
ブックトーク ………………17, 112
不登校 …………………………… 71
不読者率 ………………………… 35
プライバシー ……………… 116, 120
ブラッドベリ，レイ …………… 80
フリースクール ………………… 72
奉仕機関 ………………………… 66
保健室登校 ……………………… 73
『本があって，人がいて』（VTR）
………………………………18, 39

【ま行】
松岡享子 ………………………… 83
『窓ぎわのトットちゃん』 ………118
マン，ホレース ………………… 90
箕面市 ……………………… 41, 95
もう一つの学校 …………… 70-73, 86
文字・活字文化振興法 ……… 44, 45
文部省（文部科学省）
　……10, 14, 27, 29, 36, 62, 106, 130,
　144, 146, 154

【や行】
八木清江 ………………………… 20
ゆとり教育 ………………… 11, 26
ユネスコ学校図書館宣言
………………… 103, 118, 162-165

【ら行】
ラーニングセンター ………… 139
ランガナタン …………………… 92
臨時教育審議会 ………………… 10
ルソー …………………………… 57
レファレンスワーク …………… 95
レフェラルサービス ……………104

【欧文字】
CIE ……………………………… 10
OECD ……………………… 30, 33
PIAAC ………………………… 34
PISA …………………………… 30

●著者紹介

塩見　昇（しおみ　のぼる）

1937年2月	京都市に生まれる	
1960年3月	京都大学教育学部卒業	
4月	大阪市立図書館入職（司書）	
1971年4月	大阪教育大学専任講師（図書館学）	
1980年8月	同　　　　　教授	
1997年4月	同　　　　　教養学科長（併任）	
1998年4月	同　　　　　附属図書館長（併任）	
2002年3月	同　　　　　定年退職	
4月	同　　　　　名誉教授，大谷女子大学教授	
2005年3月	大谷女子大学退職	
5月	日本図書館協会理事長	
2013年5月	同　　　　　　　退任	
2016年5月	同　　　　　顧問	

≪主要な編著書≫

『教育としての学校図書館』，『知的自由と図書館』，
『生涯学習と図書館』　以上，青木書店
『図書館の発展を求めて』（古希記念出版・塩見昇著作集）　日本図書館研究会
『知る自由の保障と図書館』（編著）　京都大学図書館情報学研究会
『図書館概論』，『新図書館法と現代の図書館』（編著）
以上，日本図書館協会
『学校図書館職員論』　教育史料出版会
『教育を変える学校図書館』（編著）　風間書房

視覚障害者その他活字のままではこの本を利用できない人のために，日本図書館協会及び著者に届け出る事を条件に音声訳（録音図書）及び拡大写本，電子図書（パソコンなど利用して読む図書）の製作を認めます。但し，営利を目的とする場合は除きます。

◆JLA 図書館実践シリーズ　31
学校図書館の教育力を活かす
学校を変える可能性

2016年11月1日　　初版第1刷発行Ⓒ

定価：本体1600円（税別）

著　者：塩見　昇
発行者：公益社団法人　日本図書館協会
　　　　〒104-0033　東京都中央区新川1-11-14
　　　　Tel 03-3523-0811㈹　Fax 03-3523-0841
デザイン：笠井亞子
印刷所：㈱丸井工文社
Printed in Japan
JLA201619　ISBN978-4-8204-1613-5
本文の用紙は中性紙を使用しています。

JLA 図書館実践シリーズ　刊行にあたって

　日本図書館協会出版委員会が「図書館員選書」を企画して20年あまりが経過した。図書館学研究の入門と図書館現場での実践の手引きとして，図書館関係者の座右の書を目指して刊行されてきた。

　しかし，新世紀を迎え数年を経た現在，本格的な情報化社会の到来をはじめとして，大きく社会が変化するとともに，図書館に求められるサービスも新たな展開を必要としている。市民の求める新たな要求に対応していくために，従来の枠に納まらない新たな理論構築と，先進的な図書館の実践成果を踏まえた，利用者と図書館員のための出版物が待たれている。

　そこで，新シリーズとして，「JLA 図書館実践シリーズ」をスタートさせることとなった。図書館の発展と変化する時代に即応しつつ，図書館をより一層市民のものとしていくためのシリーズ企画であり，図書館にかかわり意欲的に研究，実践を積み重ねている人々の力が出版事業に生かされることを望みたい。

　また，新世紀の図書館学への導入の書として，一般利用者の図書館利用に資する書として，図書館員の仕事の創意や疑問に答えうる書として，図書館にかかわる内外の人々に支持されていくことを切望するものである。

2004 年 7 月 20 日
日本図書館協会出版委員会
委員長　松島　茂

図書館員と図書館を知りたい人たちのための新シリーズ！
JLA 図書館実践シリーズ 既刊20冊，好評発売中
（価格は本体価格）

1. **実践型レファレンスサービス入門　補訂版**
   斎藤文男・藤村せつ子著／203p／1800円

2. **多文化サービス入門**
   日本図書館協会多文化サービス研究委員会編／198p／1800円

3. **図書館のための個人情報保護ガイドブック**
   藤倉恵一著／149p／1600円

4. **公共図書館サービス・運動の歴史1**　そのルーツから戦後にかけて
   小川徹ほか著／266p／2100円

5. **公共図書館サービス・運動の歴史2**　戦後の出発から現代まで
   小川徹ほか著／275p／2000円

6. **公共図書館員のための消費者健康情報提供ガイド**
   ケニヨン・カシーニ著／野添篤毅監訳／262p／2000円

7. **インターネットで文献探索　2016年版**
   伊藤民雄著／204p／1800円

8. **図書館を育てた人々　イギリス篇**
   藤野幸雄・藤野寛之著／304p／2000円

9. **公共図書館の自己評価入門**
   神奈川県図書館協会図書館評価特別委員会編／152p／1600円

10. **図書館長の仕事**　「本のある広場」をつくった図書館長の実践記
    ちばおさむ著／172p／1900円

11. **手づくり紙芝居講座**
    ときわひろみ著／194p／1900円

12. **図書館と法**　図書館の諸問題への法的アプローチ
    鑓水三千男著／308p／2000円

13. **よい図書館施設をつくる**
    植松貞夫ほか著／125p／1800円

14. **情報リテラシー教育の実践**　すべての図書館で利用教育を
    日本図書館協会図書館利用教育委員会編／180p／1800円

15. **図書館の歩む道**　ランガナタン博士の五法則に学ぶ
    竹内悊解説／295p／2000円

16. **図書分類からながめる本の世界**
    近江哲史著／201p／1800円

17. **闘病記文庫入門**　医療情報資源としての闘病記の提供方法
    石井保志著／212p／1800円

18. **児童図書館サービス1**　運営・サービス論
    日本図書館協会児童青少年委員会児童図書館サービス編集委員会編／310p／1900円

19. **児童図書館サービス2**　児童資料・資料組織論
    日本図書館協会児童青少年委員会児童図書館サービス編集委員会編／322p／1900円

20. **「図書館学の五法則」をめぐる188の視点**　『図書館の歩む道』読書会から
    竹内悊編／160p／1700円